Coaching: **paso a paso**

Si está interesado en recibir información sobre libros empresariales, envíe su tarjeta de visita a:

Gestión 2000
Departamento de promoción
Av. Diagonal, 662-664, 2ª B
08034 Barcelona
Tel. 93 492 69 70
Fax 93 492 69 75
e-mail: info@gestion2000.com

y la recibirá sin compromiso alguno por su parte.

VISITE NUESTRA WEB
www.gestion2000.com

Mike Leibling y Robin Prior

Coaching: paso a paso
Métodos que funcionan

Quedan rigurosamente prohibidas, sin la autorización escrita de los titulares del «Copyright», bajo las sanciones establecidas en las leyes, la reproducción total o parcial de esta obra por cualquier medio o procedimiento, comprendidos la reprografía y el tratamiento informático, y la distribución de ejemplares de ella mediante alquiler o préstamo públicos.

Edición original: Kogan Page Limited
Título original en inglés: *Coaching Made Easy*
Autor: Mike Leibling y Robin Prior
Traducido por: Mariona Barrera
Diseño cubierta: *Jordi Xicart*
© Mike Leibling y Robin Prior
© de la edición en lengua castellana,
© 2004, Ediciones Gestión 2000
    Planeta DeAgostini Profesional y Formación, S.L.
ISBN: 84-8088-051-1
Depósito Legal: B-36.831-2003
Fotocomposición gama, s.l.
Impreso por Liberdúplex
Impreso en España - *Printed in Spain*

Índice

Prefacio 7
Agradecimientos 9
Introducción 11

Primera parte: *Coaching*

1. *Coaching* en el trabajo 19
   La relación de *coaching*. Cómo ofrecer *coaching*. Compatibilidad con su estilo directivo. La función de un *coach*. Beneficios del proyecto de *coaching*. ¿En qué punto se encuentra respecto al *coaching*? En lo que no consiste el ejercicio de *coaching*. *Coaching* en el mundo actual.

Segunda parte: La técnica ABC

2. La técnica ABC: en qué consiste 39
   Paso A: Comprender la situación. Paso B: Comprender *qué* podría ser mejor. Paso C: Comprender *cómo* podría ser mejor.

3. La técnica ABC: tres ejemplos de la vida real 43

4. La técnica ABC: usarla 55
   Paso A. Paso B. Paso C.

5. La técnica ABC: el pensamiento que se encuentra detrás 69
   Naturaleza/educación. Lo que no se puede hacer y lo que se debería hacer. Perspectiva del mundo. Niveles neurológicos. Dimensión del cambio. La fuerza de separar los tiempos verbales. Dirección de la motivación. Planificar con antelación. Errores versus feed-back. Dimensión parcial. Qué antes de cómo. Derivados positivos de conductas negativas. Estrategia convincente. Cómo sabemos que algo es lo correcto: externo versus interno.

Comunicarse cooperativamente. Pensar con flexibilidad. Curiosidad. Malestar. Confusión. Indecisión. El poder de los períodos. Disculparse. El lenguaje de las preferencias sensoriales. Dilemas y obligaciones. Posiciones perceptivas. Fijarse. Marcar el ritmo. Verbal/ no verbal. Cuestionar. Metáforas, anécdotas e historias. Reflexionar. Visualización. *Feedforward*. Reacciones versus respuestas.

6. La técnica ABC: cómo funciona 143
Análisis de la estructura de los tres pasos. Análisis de cada pregunta.

Tercera parte: Usted como *coach*

7. Usted como *coach* 173
Preparación para las sesiones de *coaching*. Realizar el ejercicio de *coaching* con uno mismo. *Coaching* improvisado.

Diez buenas preguntas sobre el proceso de *coaching* 189

Prefacio

Este libro le ayudará a realizar sesiones de *coaching* (orientación) para otras personas, de una forma sencilla y fácil, para que mejoren su rendimiento en el trabajo y en otras áreas de la vida.

Hemos redactado este libro después de muchos años de práctica, desarrollo, refinamiento, modelación y análisis de lo que *realmente* le funciona a un *coach* (orientador).

Hemos incorporado algunas de las técnicas de disciplinas como la PNL (programación neurolingüística). Otras técnicas son, simplemente, de «sentido común». Y otras, las hemos desarrollado porque no podíamos encontrar nada más que nos satisficiera.

Estas técnicas le servirán tanto si se dedica a la orientación a tiempo completo, como si el *coaching* es sólo una parte de su trabajo.

Mike Leibling (MikeLeibling@LearnMe.com)
Robin Prior (RobinPrior@LearnMe.com)

Agradecimientos

El material de este libro se ha desarrollado junto con nuestros clientes, colegas y nuestros propios profesores, a quienes les estamos muy agradecidos. (Cuando ofrecemos ejemplos de técnicas empleadas en el trabajo hemos cambiado, como es lógico, el nombre de los clientes y los datos secundarios.)

Agradecemos a todos los miembros de la iniciativa Trainset® que colaboraron en la creación de la *Técnica ABC* de este libro –sobre todo a Richard Cree, Mike Downes, Jenny Foster, Jonathan Haigh, William Jackson, Diana Renard y Jane Townsend–, y les estamos muy reconocidos por su enorme aportación a esta iniciativa.

También queremos darle las gracias al doctor Bill Lucas por su gentileza al revisar el manuscrito, y a Jo McHale por su generosa aportación sobre la comunicación no violenta.

Y, finalmente, gracias a Philip Mudd por haber «permitido» que este libro tome vida.

Introducción

Las empresas en la actualidad

El futuro de todas las empresas depende del aumento de la capacidad y productividad de su plantilla. Esto no es nada nuevo. El futuro de cualquier persona depende de la progresión de su aportación a la empresa y de la creación de una reserva colmada de habilidades transferibles que reforzarán su valor en el mercado.

La mayoría de nosotros entiende que estos prerrequisitos para un futuro próspero a nivel corporativo e individual son compatibles, pero somos pocos los que los hemos utilizado. La máxima de «nuestros trabajadores son nuestro principal activo» no se suele manifestar a través de acciones tanto como mediante palabras.

Cuando el departamento de «personal» se convirtió en el de «recursos humanos» (RH) y la formación pasó a ser «desarrollo de recursos humanos» (DRH), tuvo lugar un cambio fundamental que consistió en pasar del bienestar de los trabajadores a la optimización de la productividad. Lo más importante pasó a ser lograr que las personas hicieran mejor su trabajo actual, en vez de prepararlas para un futuro más completo. Mientras las empresas de no-aprendizaje sigan centrándose principalmente en formas para reducir costes, este cambio al corto plazo continuará. En las compañías de «aprendizaje», el desarrollo humano a largo plazo es una parte continua e integral de la vida diaria.

Con esta finalidad, cada vez hay más personas que se responsabilizan del desarrollo de habilidades y competencias de las personas para y con las que trabajan. Sin embargo, aunque es posible que tengan esta responsabilidad, a los que se les asigna la tarea de la mejora del rendimiento puede ser que no dispongan del tiempo o los conocimientos para hacerlo.

Las empresas llegan a exigir una calidad superior a un coste inferior y en plazos temporales más cortos. Las oportunidades y recursos disponibles para el desarrollo de las personas son cada vez más difíciles de encontrar. El rendimiento es lo primero. Las personas y sus carreras se convierten en una prioridad que puede esperar.

Tradicionalmente, los empresarios han definido tres áreas centrales de responsabilidad:

1. Lograr que se haga el trabajo y obtener un resultado.
2. Desarrollar sus recursos, principalmente, a su personal.
3. Autodesarrollarse.

Habitualmente, si un empresario obtenía el resultado deseado, nadie se preocupaba demasiado de si estaba considerando el lado de desarrollo de sus responsabilidades. En el futuro, estas exigencias de desarrollo aumentarán y pasarán a ser una prioridad más importante. El *coaching* dejará de ser terreno de los especialistas y se convertirá en una práctica normal para los empresarios. Retener y desarrollar a los empleados será imposible sin que se facilite un aprendizaje pertinente.

Y en esto, en el mejor de los casos, consiste el ejercicio del *coaching*.

Coaching en la actualidad

Hoy en día, la orientación ha sido reconocida como una de las formas más eficiente y centrada para mejorar el rendimiento individual. No obstante, el *coaching* se ha ido convirtiendo cada vez más en la función de un especialista incorporado desde el exterior, con un coste, y no suele haber modo alguno de medir lo beneficioso que ha sido.

El *coaching* ha sido entendido como una responsabilidad del departamento de recursos humanos, sobre todo si su finalidad es remediadora. Cada vez hay más ejecutivos relegados a tareas de gestión y no de personal, a pesar de que la responsabilidad de la mejora de capacidades y rendimiento haya virado más hacia los individuos.

Es posible que la empresa pague y ofrezca formación y *coaching*, pero el iniciador suele tener que ser el propio individuo. Es su carrera lo que está en juego, por tanto, es él quien debe ocuparse de que se haga realidad.

Una breve historia sobre el *coaching*

La orientación ha formado parte de nuestras vidas desde que los primeros cazatalentos se encargaron de enseñar a la generación siguiente de proveedores a través de la demostración, los consejos y la práctica.

El inicio

Los niños imitaban y aprendían las habilidades y los procesos de pensamiento que necesitarían de sus padres y de los que se encontraban a su alrededor en las tribus. Más adelante, los hijos de los herreros, por ejemplo, se convertían en mejores herreros si aprendían a partir de los conocimientos paternos y los iban acumulando. Así es cómo las técnicas, la experiencia y los procedimientos se fueron refinando y mejorando.

Destrezas especiales

El aprendizaje reemplazó, más adelante, la imitación de la función paterna y permitió que los niños tuvieran más opciones de comercio o industria. Se sustituyeron los consejos paternos por los de un experto.

Deporte

El *coaching* en el mundo del deporte fue fundado por los griegos y romanos y, raramente, los deportistas actuales llegarían a alcanzar sus objetivos sin los consejos de sus preparadores.

Lugares de trabajo

Dentro de las empresas, la orientación ha llegado tarde, casi como una idea tardía. Los ejecutivos que reconocían la necesidad del *coaching* para mejorar su swing en el golf, no veían la razón de disponer del mismo apoyo en el caso de su rendimiento profesional. Muchos creían que el *coaching* era «débil» e innecesario, y un reconocimiento de su debilidad o incompetencia. Preferían conseguir la mejora del rendimiento siendo fuertes, difíciles de complacer e incomprensivos. La orientación era entendida por muchos, erróneamente, más como un paso remediador que como una parte importante de la estrategia personal.

Entonces llegó el *coaching* y los beneficios fueron reconocidos, y fue establecida la función del entrenador (*coach*) profesional. La mejora del rendimiento ha motivado el interés y el consumo de la orientación. Pero algunos modelos de *coaching* se han vuelto tan complicados y requieren una base de conocimiento tan amplia que están intimidando a todo el mundo menos a los expertos.

Hemos notado que el *coaching* está a punto de convertirse en un club exclusivo, que profesa ser competente de un modo que se guarda como un misterio para los no iniciados. Estamos seguros de que los motivos que se encuentran detrás de esta exclusividad están impulsados con las mejores intenciones. Sin embargo, la creciente complejidad del *coaching* está creando un umbral en el que muchos tienen miedo de detenerse. Creen que si no pueden orientar a un nivel alto o completo, mejor que no lo prueben. Lo dejarán para los profesionales.

Y es cierto; existen casos en los que un *coach* profesional, a tiempo completo, puede profundizar más en los problemas de lo que usted o su cliente podrían hacer, y usted siempre podría mandar a un cliente a un profesional, si fuera necesario.

No obstante, en la mayoría de casos, el *coaching* puede ser realizado de una manera sencilla y satisfactoria por empresarios y otros profesionales con la ayuda de las técnicas de este libro. Después de todo, estamos seguros de que puede pensar en momentos en que haya ayudado a alguien con una pregunta bien planteada, o alguien le ha comentado que sin su apoyo no podría haber llegado a la situación en la que se encuentra en la actualidad. No está empezando de cero.

Por qué hemos creado esta técnica en una «versión fácil»

Creemos que las mejoras surgen de la simplicidad en lugar de la complejidad. También creemos en la eficiencia, en vez de sólo en la efectividad. Estamos convencidos de que conseguir realizar un trabajo con un mínimo de tiempo, esfuerzo y recursos, es el secreto del éxito. Y sabemos que las situaciones pueden mejorar o empeorar con idéntica presteza.

Además, creemos que el trabajo puede ser una experiencia recompensante y satisfactoria. (De acuerdo, es posible que tengamos poco control sobre lo «que» se requiere que hagamos –excepto en la situación de cambiar de empleo–, pero suele haber varias opciones sobre «cómo» podemos hacerlo para incrementar nuestra satisfacción mientras seguimos manteniendo el trabajo hecho.)

Nuestro objetivo es ofrecer al máximo de personas que podamos, la oportunidad de ayudar a los demás y de ayudarse a sí mismas, de ser tan buenas como puedan ser. Esta opción permite que «todo el mundo» reciba los beneficios del *coaching*.

Manejar este libro

En este libro, vamos a detallar técnicas y procesos que pueden entrelazarse durante el día a través de fragmentos de conversación, así como también estructuras para utilizar cuando usted y los clientes se reserven unas horas para la orientación como parte de un plan de desarrollo. Ofrecemos una guía paso a paso para empresarios, formadores, profesionales de RH y de DRH, y para todos los que quieran contribuir al crecimiento y progreso de los demás.

Los procesos y el aprendizaje de este libro serán útiles no sólo para las personas que tienden mucho hacia las relaciones personales, sino también para las que se han decantado más hacia las tareas y para las que, previamente, el *coaching* puede que haya sido una parte indeseada del día. Cuando los beneficios de la «facilidad de llevar a cabo la orientación» se hagan evidentes, descubrirá que aumentará su alcance y capacidad para desarrollar a personas.

Las personas que se hayan sentido molestas por el proceso de *coaching* porque lo entendían como un «deber», descubrirán que los resultados y el impacto positivos de este libro lo convierten en un «deseo». Las que siempre hayan vivido la orientación y el desarrollo de las personas como un «deseo» fuerte, descubrirán que su satisfacción laboral se amplía a medida que crecen sus propias habilidades y capacidades.

> **CONSEJO**
>
> *Hojear*
>
> Es imprescindible que lea el libro del principio hasta el final. Pero siéntase libre, también, de ir directamente a la Técnica ABC, parte central de nuestra teoría, página 39, y luego hojee el índice para obtener las piezas que precise cuando usted y los clientes las necesiten.
>
> *Copiar*
>
> Le alentamos a fotocopiar algunos apartados del libro para que los usen usted y su cliente (consulte de la página 56 hasta 68). Por favor, no se sienta cohibido.

Lo que aprenderá con este libro

Ante todo, esperamos que aumente su confianza para orientar a otras personas y para reconocer lo capacitado que está para hacerlo.

El hecho de tener más habilidades, no sólo creará oportunidades para disponer de más opciones en su carrera, sino que, además, las técnicas que se cubren en este libro no se limitan a empresas. Si tiene hijos, amigos, colegas, padres, socios, o trabaja con grupos o clubes que organizan actividades, todas estas destrezas pueden servirle para ayudar a que los demás logren lo que quieren alcanzar.

El *coaching* puede realizarse en pequeñas dosis; una pregunta aquí, una observación allá. No tiene que ser un proceso organizado repartido a lo largo de muchas sesiones y que comporte unos costes elevados. Cuando se vea a sí mismo como un *coach*, orientará automáticamente a los demás, cuando sea útil.

Al orientar a los demás también aprenderá más sobre usted mismo. Es casi imposible estar con alguien y que su voz interna no le diga cosas como: «Esto me concierne a mí tanto como a ellos», o «Yo también podría realizar esos cambios».

Una única advertencia: ¡es posible que se vuelva más popular! Si consigue que una persona se sienta mejor consigo misma, o le ayuda a resolver un problema, se convertirá en alguien con quien dicha persona querrá ponerse más en contacto. Le verán como una persona cercana y comprensiva, y no como radical o dictatorial.

Primera parte
Coaching

1
Coaching en el trabajo

Si pretende introducir el *coaching* como parte de su despensa directiva, déjeles tiempo a sus empleados para que asimilen la idea. No espere que se sientan atraídos por su entusiasmo. Si la orientación es un nuevo punto de partida, exponga los beneficios que se lograrán con las personas que serán sus clientes. Véndales la idea. Concédales la opción de elegir participar. Deje que primero se presenten voluntarios, aunque no estén interesados o se muestren cínicos; una persona que se haya convertido con éxito dejando de lado el cinismo será su mejor publicidad.

Permita que el *coaching* evolucione en lugar de que revolucione. No lo presente como el santo grial. Conceda un espacio para que los clientes quieran aprender este nuevo baile.

La relación de *coaching*

La orientación se centra en las prioridades y resultados del *cliente*. No consiste en hacer que el cliente se comporte según las normas del *coach* y cumpla las prioridades y necesidades de éste. Esto no es orientar; esto es dirigir. El *coaching* aborda tanto los puntos fuertes como las debilidades, y no debería estar motivado por la necesidad de una acción remediadora.

La orientación se basa en una relación entre un orientador y un cliente que se enciende y se apaga cuando se requiere iluminación. (Llamamos a la persona orientada «cliente», a pesar de que es muy probable que estemos orientando a un compañero de trabajo o a un colega, y que el dinero no cambie de manos. «Cliente» centra nuestra atención en «sus» necesidades en lugar de en nuestras propias necesidades.)

La finalidad del *coaching* en el contexto laboral es ayudar a que los clientes actúen al máximo nivel y alcancen sus objetivos profesionales, aunque quizá todavía no sepan cuáles son y, ni mucho menos, cómo podrían lograrlos.

Se trata de una herramienta para ayudar a que otras personas adquieran nuevas habilidades y a que crezcan, en vez de que crean que están desmotivadas. Es un proceso que implica conversación, cuestionamiento y sugerencias. Permitirá que el cliente se plantee su propia situación y opciones, y que tome decisiones informadas basadas en sus propias preferencias dentro de su propia posición en la empresa y para su propio mejoramiento.

Los *coach* no necesitan ser expertos en la materia en la que el cliente desea evolucionar. Simplemente, necesitan saber qué preguntas han de plantear, qué hacer con las respuestas y lo directivos o comprensivos que tienen que ser.

Coaching *a nivel vital*

Si está orientando sobre todos los aspectos de la vida de otra persona y no se limita al rendimiento profesional, estará llevando a cabo un «*coaching* a nivel vital». En la práctica, es difícil compartimentar la vida de otra persona, ya que una parte influye en la otra. Si alguien tiene problemas en casa, es muy probable que esto produzca un impacto en su trabajo.

No obstante, si usted es un directivo que orienta a uno de sus empleados, entonces debe ser consciente de sus límites y respetar los de los clientes. Ser el jefe de una persona no le permite imponerse en su vida privada. Puede llegar a cooperar si le invitan a ello. No se entrometa nunca.

Coaching *a nivel ejecutivo*

Orientar a altos cargos se define como «*coaching* ejecutivo» y, en principio, consiste en lo mismo. Es posible que tenga que ser mucho más discreto en su realización, pero la confidencialidad sigue siendo importante en todas las formas de orientación –por ambas partes.

Cómo ofrecer *coaching*

A lo mejor, el *coaching* ya está establecido en su empresa, o quizá esté demostrando iniciativa para introducirlo en su grupo o equipo particular. Aunque la orientación sea obligatoria dentro de la estructura y procedimientos, es importante que los clientes sientan que tienen una opción en el asunto. *Coaching* requiere franqueza por parte del cliente y esto sólo ocurrirá si es un «deseo» en lugar de un «deber».

Toda oferta de *coaching* debe estar centrada en los «beneficios» percibidos para el cliente. Si la orientación se describe como algo que a usted, el orientador, le han dicho que lleve a cabo, o un ejercicio «por lo que todo el mundo tiene que pasar en un momento dado», recibirá una respuesta poco entusiasta, en el mejor de los casos. En alguna ocasión, hemos oído a alguien anunciar «la compañía ha introducido un nuevo concepto de aprendizaje a través del *coaching*, y yo soy el encargado de realizar las sesiones de orientación con usted, por tanto, podríamos ir directamente al grano».

Antes de ofrecerse a orientar a un cliente, primero véndase a sí mismo el concepto. Tenga definidos los beneficios que espera obtener para su(s) cliente(s), para sí mismo y para la empresa. Si no está muy entusiasmado o convencido de ello, entonces el cliente tampoco lo estará. Al ofrecer *coaching* a otra persona, primero cree un sistema positivo y describa la finalidad y la motivación que se encuentran detrás de la iniciativa. Por ejemplo:

- Describa el *coaching* como una ruta eficaz hacia la mejora y la realización personal.

- Indique por qué está convencido de que es el camino correcto que hay que tomar y los beneficios que cree se conseguirán.

- Deje claro que el *coaching* no es una acción remediadora, ya que está diseñado para basarse sobre los puntos fuertes, al mismo tiempo que se abordan las debilidades.

- Explique que las habilidades requeridas en la labor de los clientes encajan como los eslabones de una cadena, y que la orientación está diseñada para fortalecer todos estos eslabones. Y esto es especialmente cierto en la actualidad, ya que cada vez más se espera que los empleados «aumenten sus habilidades» para poder atender múltiples tareas.

- Plantee si, en realidad, los clientes están intentando compensar sus propias flaquezas fortaleciendo sus virtudes, o por qué otro motivo han recurrido a esta opción.

- Quizá pueda usar la metáfora del decatleta que tiene que mostrar su potencial en las diez disciplinas para ganar una medalla.

- Exponga cuáles son las implicaciones, el compromiso temporal y el proceso.

- No lo dude: pida la participación y disponibilidad de los clientes. Asegúrese de que entienden que han elegido ser orientados.

Cuando inicie las sesiones de *coaching*, si es compatible con las prioridades de los clientes, empiece destacando una virtud como base para establecer una asociación positiva entre usted, el cliente y el proceso de *coaching*. (Véase el caso de estudio de la página 52 para entenderlo.)

CONSEJO

Usted es el mejor

Entendemos que comparar a un cliente dudoso con un deportista de máximo nivel puede ser alentador, por ejemplo: «Todo deportista de máximo nivel tiene su propio entrenador, o varios entrenadores, para que le ayuden a mejorar aún más su propio rendimiento. ¿Por qué no podría la gente como nosotros beneficiarse de una figura parecida?».

Introducir la práctica de **coaching** *en una relación existente*

No importa cuál sea su aspecto (como manager, formador, compañero de trabajo, padre o socio), los que interactúan con usted saben instintivamente cómo funciona su relación. Puede que no sea una relación perfecta, pero habrá habido un «baile» que ambos practicaron porque ambos se sabían los pasos. Podría ser que fueran los peores bailarines de la pista, pero, al menos, estaban bailando. Asimismo, podrían haber estado actuando muy bien y no podrían pensar en ningún otro modo de mejorar la actuación.

La introducción del proceso de *coaching*, planteada incorrectamente, en una relación *débil* puede ser entendida como el castigo de ser un empleado «inadecuado». Introducir la orientación en una relación *sólida* también puede percibirse como una crítica y es posible que llegue a negar parte de lo que se había conseguido antes. Por lo tanto, resulta importante introducirla, por sus beneficios para ese individuo.

Introducir la práctica de coaching *en nuevas relaciones*

Esto es más sencillo. Es probable que un nuevo miembro del equipo acoja la orientación con los brazos abiertos, como una forma para facilitar su nuevo trabajo. Además, permitirá que usted sea visto como una persona abierta, accesible y constructiva, desde un buen principio.

Ofrecerse para orientar a nuevos miembros del equipo suele ser la forma más fácil de introducir esta práctica en todo un equipo. Puede exponer sin dificultades por qué ha elegido X, ya que son nuevos y es posible que agradezcan cualquier tipo de ayuda para establecerse.

En nuestra experiencia, hemos advertido que el resto de miembros del equipo puede sentirse abandonado y, por tanto, pedirá el *coaching* voluntariamente. De este modo, esta práctica puede crecer de forma natural y gradual, lo que le resultará más sencillo que haber de ofrecerla a todo el mundo simultáneamente.

Introducir la práctica de coaching *en una empresa*

Las empresas pueden estar repletas de nuevas ideas e iniciativas, modas y caprichos. El trabajador medio trata estas nuevas directrices con cinismo. Las nuevas directivas prometen soluciones rápidas y mejoras instantáneas. Nacen como las cachipollas y suelen desvanecerse en un día. Y el grueso de las evidencias sugiere que lo que entra rápidamente por la puerta principal, se marcha igual de rápido por la puerta trasera.

> **CONSEJO**
>
> *Cautela*
>
> Las iniciativas como el *coaching* evolucionan mejor cuando crecen orgánicamente, cuando los trabajadores se involucran en los problemas de forma voluntaria, suelen progresar mejor desde la base y hacia capas superiores o entre las esferas menos importantes de la dirección. O pueden ser impuestas desde arriba y estimular resistencia, cinismo o, incluso, hostilidad. Le recomendamos una táctica sencilla de dos pasos: 1) empiece a realizar *coaching* con clientes dispuestos y manténgase reservado, a menos que le pregunten, y 2) cuando tenga un historial con estos individuos, legitime esta práctica como un proceso ofreciéndola más abiertamente.

Compatibilidad con su estilo directivo

El *coaching* funciona mejor cuando se tiene un interés genuino en los clientes y se desea que alcancen lo que «ellos» desean de sus carreras. La orientación encaja mejor con una gestión abierta y con motivaciones positivas, durante la cual el *coach* realmente intenta comprender y estar en empatía con los clientes, para permitir que éstos tomen sus propias decisiones y evolucionen.

Debería convertirse en una «parte» de su estilo directivo, como demostración de lo imprescindibles que cree que son sus trabajadores. Es un ejemplo de su filosofía directiva. No es algo que tenga que ser separado de su estilo directivo.

La función de un *coach*

El *coach* es una mano amiga, un promotor en el proceso, sin llegar a ser una fuerza dominante. Tiene que hacer saber a los clientes que sus prioridades son las más importantes. Puede ser que ofrezca información o haga sugerencias cuando esto se acuerde, y no debe imponer un estilo directivo del tipo «lo que yo haría si estuviera en su lugar». Aunque no se responsabilice de cambios que hayan sido acordados, el *coach* debería participar en la supervisión y el apoyo del cambio, si este refuerzo es necesario. Contribuir a que los clientes sigan estando centrados y motivados, y proporcionar una comprobación de realidad, también forman parte de la función de *coaching*.

Además, el *coach* debería «predicar con el ejemplo». Si está orientando a personas con las que trabaja, le estarán observando y emitiendo opiniones sobre usted a cada momento. Del mismo modo que los niños hacen lo que usted hace, y no lo que les pide que hagan, lo mismo ocurre con los clientes. Tiene que ser un modelo de los valores y conductas a los que están aspirando los clientes (siempre y cuando sean compatibles con cómo desea ser usted). Si no, tendrá que trabajar con su propio *coach* sobre ello, ¿verdad? (Un orientador entiende el proceso de *coaching* desde el punto de vista del cliente, y una buena forma de conseguirlo, de imitarlo, es que usted tenga su propio orientador.)

Igualmente, un *coach* es tolerante consigo mismo. No espere ser perfecto, sino ser «suficiente».

Ejemplo: «Soy suficiente»

A Carl Rogers, el psicoterapeuta, le preguntaron cómo hacía lo que hacía, con tanto éxito. Contestó: «Antes de una sesión con un cliente, me hago saber a mí mismo que "Soy suficiente". No perfecto, porque perfecto no sería suficiente. Pero soy humano, y no hay nada que este cliente pueda decir o hacer o sentir que yo mismo no pueda sentir. Puedo trabajar con ellos. Soy suficiente».

Beneficios del proyecto de *coaching*

Para el cliente

Como en el mundo del deporte, no es realista prever que alguien alcanzará su máximo potencial sin la ayuda de una figura como la del entrenador:

- El cliente dispone de la oportunidad de comentar y plantearse lo que está haciendo en ese momento, lo que le gustaría llegar a hacer de otro modo y cómo podría lograrlo.

- El *coach* no sólo ilumina posibilidades que podrían haber pasado por alto antes, sino que actúa como conejillo de indias y prueba para nuevas ideas.

- En vez de tener sólo una deliberación entre las diversas voces internas de los clientes, el proyecto de *coaching* ofrece una forma de separar y racionalizar cualquier conflicto que pueda estar dando vueltas en su cabeza.

- La orientación propone una forma de hacer balance, de distanciarse, de separar el grano de la paja y de ser objetivo –incluso con uno mismo.

- Es cierto que oírse a uno mismo decir cosas en voz alta (que, previamente, sólo habían sido voces internas) muestra una perspectiva muy distinta de lo que podría haber sido un embrollo caótico de pensamientos, algunos de los cuales podrían haber sido demasiado amedrentadores o confusos como para saber por dónde empezar. (Hemos oído a muchas personas pensar en voz alta y justificarse comentando: «¿Cómo sé lo que pienso si no he oído lo que tengo que decir?»)

El ejercicio de *coaching* brinda un pensamiento estructurado y respaldado, de modo que los clientes puedan definir lo que realmente quieren y cómo podrían lograrlo de una forma realista y, por consiguiente, ampliar sus opciones frente a cualquier situación. Entonces podrán hacer planes de antemano, consiguiendo los recursos, formació o desarrollo necesarios para materializar sus objetivos. Esta abertura de oportunidades, también permitirá que los clientes se sientan más positivos sobre ellos mismos.

Para la empresa

En resumidas cuentas, sacará mejor partido del dinero. Al crear una cultura de *coaching*, se facilita un proceso continuo de crecimiento y mejora de los recursos humanos, lo que reducirá el ausentismo, estrés, enfermedades, aburrimiento y una productividad inferior. Es mucho menos probable que alguien se marche si se siente deseado e importante, y si está desarrollando sus destrezas y capacidades.

Para el coach

Existen muchas estrategias de aprendizaje y tres de las más eficaces son:

1. Enseñar.
2. Orientar.
3. Ser orientado.

Además de los beneficios obvios de cultivar dotes comunicativas propias y de constituir relaciones, es casi imposible orientar a otra persona sin tener la oportunidad de reflexionar sobre la propia situación personal. El proyecto de *coaching* revela lo parecidos que somos los unos con los otros. Estar con los clientes mientras piensan sobre sus situaciones personales, provocará automáticamente que usted procese sus propias percepciones. Al orientar, gozará de la oportunidad de contrastar sus propias ideas.

Ser *coach* ampliará sus objetivos profesionales y le convertirá en un directivo mucho más eficaz. La orientación, entendida como una habilidad autónoma, suele ser suficiente para dirigir a otras personas y, evidentemente, es mucho más eficaz que alternativas como intimidar, gritar o engañar.

La relación entre el cliente y el *coach* mejora el proceso de *coaching* de muchas maneras distintas. Si adopta el papel de superior durante este proceso, entonces la relación que construya entre los clientes y usted no empezará y terminará en los confines de la sesión de orientación. El resto de interacciones que tengan serán más abiertas y expansivas. La relación correcta permite que los clientes se sientan más seguros y relajados y, en consecuencia, más dispuestos a investigar áreas de su rendimiento que de otro modo podrían haber preferido mantener en secreto o ignorado. La comunicación diaria mejorará. La lealtad y la confianza se irán fortaleciendo.

> **CONSEJO**
>
> *Mejor dentro que fuera*
>
> Olvide el contraargumento común entre los empresarios en relación al ejercicio de *coaching*: «Pero les perderé porque se irán a otro departamento si su trabajo actual se les queda pequeño». Les perderá porque se marcharán a otra *empresa* si no les permite progresar internamente. Los clientes seleccionados que pasen a otro departamento difundirán sus habilidades, fortalecerán su reputación y harán que le resulte mucho más sencillo atraer a personal cualificado para que trabaje para usted.

¿En qué punto se encuentra respecto al *coaching*?

Es probable que quiera tomar algunas decisiones sobre el proceso de *coaching* y sobre su futuro como *coach*. Qué mejor forma de hacerlo que usar parte de la técnica de *coaching* ABC que viene a continuación. Limítese a responder las preguntas siguientes, bien por escrito, en voz alta, bien mentalmente, y diseñe su futuro como orientador próspero. (Estas preguntas están adaptadas a partir de la técnica ABC que se presenta en el capítulo 2.)

Si no tiene respuestas inmediatas, simplemente anote las posibilidades y vuelva a consultarlas de vez en cuando. Contestar a medida que vaya progresando puede ser más apropiado que la necesidad de una «respuesta correcta» de inmediato.

Paso A: Explorar dónde ha estado, en lo que se refiere al coaching

A1   ¿Qué ha estado pensando, hasta este momento, sobre el ejercicio de *coaching*?

A2 ¿Qué ha estado sintiendo respecto a la orientación?

A3 ¿Qué ha estado necesitando o echando en falta, que le ayude en el proceso de *coaching*?

A4 ¿Qué ha estado creyendo que era cierto en relación con el *coaching*?

Paso B: Explorar qué podría hacer que el ejercicio de *coaching* le sirviera más

B1 ¿Qué es lo «mejor» que podría estar «pensando» para obtener lo que desea a partir de la orientación? Anote algunas posibilidades antes de seleccionar la mejor.

B2 ¿Qué es lo *mejor* que podría estar «sintiendo» para obtener lo que desea a partir del proceso de *coaching*? De nuevo, escriba algunas posibilidades antes de seleccionar la mejor.

B3 ¿Cuál es el mejor «papel» que podría estar desempeñando para lograr lo que desea a partir de la práctica de *coaching*?

B4 ¿Qué es lo «mejor» que podría estar «creyendo que es cierto» para obtener lo que desea de la orientación? Es probable que quiera contar con varias opciones en este punto, si esto es lo que le conviene.

Paso C: Comprender *cómo* puede servirle más

C1 ¿Qué «hará», o podría hacer, exactamente, para lograr lo que desea a partir del proyecto de *coaching*?

C2 ¿Qué se «dirá» exactamente, o podría decirse, a sí mismo o a otras personas, para lograr lo que desea a partir del ejercicio de *coaching*?

C3 ¿Qué cuestiones se «planteará», o podría plantearse, a sí mismo o a otras personas, para obtener lo que desea a partir de la orientación?

C4 ¿Qué es lo que «dejará» de hacer, o podría dejar de hacer, exactamente, para obtener lo que desea de la práctica de *coaching*?

C5 ¿Qué es lo que «dejará», o podría dejar, de decirse, exactamente, a sí mismo o a otras personas, para alcanzar lo que desea a partir de la orientación?

C6 ¿Qué preguntas «dejará», o podría dejar, de plantearse a sí mismo o a otras personas, para obtener lo que desea a partir de la orientación?

C7 ¿Qué más debe ocurrir para que conquiste lo que desea a partir del *coaching*?

En lo que no consiste el ejercicio de *coaching*

Asesorar

Esta es una opción remediadora más que desarrolladora, se trata de trabajar con clientes que se sienten insatisfechos o incómodos con algún aspecto de sus vidas. Se centra más en los problemas y dificultades, y el papel del asesor es considerar el pasado para abordar el presente y futuro.

Convertirse en mentor

Tanto los *coach* como los mentores se concentran más en el presente y el futuro que en el pasado, pero el papel de mentor se caracteriza por el hecho de que un colega superior, con un conocimiento y experiencia superiores de la empresa y/o profesión, «se haga cargo de usted». La relación depende más del conocimiento del tutor sobre el contexto en el que trabajará la persona a quien le hace de mentor que en su capacidad para practicar el *coaching*. El mentor suele patrocinar al cliente en cierto modo, hablando en su nombre o manteniéndole en contacto con la política y trabajos internos de la empresa en la que trabajan. El trabajo de un tutor tiende a ser más directivo que el de *coaching*, y puede ser muy exigente con la persona que está siendo tutorizada cuando ya está bien respaldada, o apoyarla cuando se le ha exigido mucho. Un *coach* interviene para aconsejar comprensivamente, no para exigir.

Castigar

«Me han enviado a usted para realizar sesiones de *coaching*, pero no sé qué he hecho mal», es lamentablemente el primer encuentro que tienen algunas personas con su *coach*. Si dentro de la empresa, la práctica de *coaching* es entendida estrictamente como una medida remediadora, se acabará asociando al fracaso, y es posible que se perciba como parte de una acción disciplinar. La orientación debería verse como una práctica normal y una forma de avanzar en base a las virtudes, así como, también, un modo de abordar las áreas más flojas del rendimiento. Se trata de progresar, de aprender del pasado, pero no de ahondar en él. El ejercicio de *coaching* no es culpar, ni cualquier otro tipo de conducta improductiva.

Enseñar

Este proceso consiste en comunicar habilidades o información y comprobar que se han aprendido.

Ejemplo: «Tócala otra vez, Robert»

Dos personas están hablando en un salón de exposición de pianos. Una comenta: «Le he enseñado a tocar el piano a mi perro». A lo que la otra responde: «Escuchemos una melodía, pues». La primera objeta: «Ah, pero no puede tocar el piano. ¡Sólo he dicho que le había enseñado, no que él hubiera aprendido!».

Revelar

¿Cómo debería ser de directivo? Decir lo que haría si fuera otra persona y lo que podría ser que le sirviera a usted, es probable que no les sirva a los clientes. Usted no es ellos; usted es usted. Las circunstancias y preferencias de los clientes y, en consecuencia, sus metas, son diferentes a las suyas, y es el cambio que «ellos» quieren lo que es importante, y no el cambio que usted podría desear que los clientes experimentaran. Es cierto que «lo que» sus clientes quieren podría llegar a coincidir con lo que usted desea, pero «cómo» pueden preferir hacerlo podría expresarse de muchas formas distintas.

William James definía la inteligencia como tener «un objetivo fijo, pero medios variables de lograrlo»; en otras palabras, un «qué» fijo y definido, pero una elección de «cómo» podría llegar a alcanzarlo. Todos disponemos de la inteligencia para conocer la diferencia y crear nuestros propios planes.

Caso de estudio: «Si no sé cómo lo hice, ¿cómo puedo elegir volverlo a hacer?»

Laurence Olivier actuaba en *Otello*, de Shakespeare, en el Old Vic Theatre de Londres, y bordaba más el papel de lo que era usual. Era como si hubiera nacido para interpretar ese rol. Una noche llegó a superar su propia brillante actuación. Todo el mundo le miraba con una admiración boquiabierta. Al final de la función, el público enloqueció. Olivier agradeció los aplausos, se marchó del escenario atropellando al resto del reparto y equipo de escena, dio un portazo al llegar a su camerino y después, llevado por una rabia aulladora, empezó a destruir los muebles. Todos estaban desconcertados. Al final, una joven directora de escena se dejó caer por el camerino y le preguntó: «¿Sir Laurence? Estuvo absolutamente extraordinario esta noche, ¿por qué está...? –él la interrumpió–. Ya lo SÉ –gritó–, pero no sé CÓMO lo conseguí».

La mayoría de modelos de *coaching* presuponen que los clientes disponen de todas las respuestas que necesitan. La función del *coach* es ayudarles a encontrar por ellos mismos esas respuestas, porque si los clientes identifican formas mediante las que pueden avanzar en base a sus virtudes y mejorar por ellos mismos sus puntos débiles, estarán en posesión del cambio que es necesario. De este modo, es más probable que se ciñan a ese cambio y lo hagan posible.

Bueno, en algunas ocasiones, los clientes simplemente no poseen el conocimiento adecuado, la perseverancia que necesitan, la capacidad para superar su rutina, la objetividad para separar el grano de la paja, o la imaginación para figurarse qué opciones todavía no han examinado. Y puede ser sumamente irritante y doloroso seguir intentando sonsacarles la información, si ésta no se encuentra a simple vista.

CONSEJO

Algunas cosas son imposibles.

Existe un dicho, que nos gusta mucho, que encaja con las situaciones imposibles:

> Nunca intente enseñar a volar a un cerdo:
> Primero, porque no triunfará.
> Segundo, porque irremediablemente será un trabajo duro.
> Y, tercero, porque molestará realmente al cerdo.

Por tanto, si conseguir que los clientes propongan sugerencias parece un «trabajo irremediablemente difícil», «definitivamente» el *coach* dispondrá del contexto para ofrecer sugerencias. Si los clientes se sienten felices y aliviados por sus propuestas, quizá pueda intentar la técnica controlada de *Feedforward*, pág. 136.

Terapia

Este ejercicio consiste en trabajar con un cliente para resolver situaciones psicológicas o físicas más graves. Se centra más la atención en el pasado que en el presente y futuro. La terapia es un área en la que se necesita a un experto con un conocimiento profundo para gestionar las dificultades que podrían llegar a surgir. Como en el caso de los asesores, los terapeutas van bien para limpiar el sótano y el desván del cliente, tareas que un *coach* no tendría que abordar. Un orientador las evitará ahondando y centrándose en estrategias para prosperar.

Formación

Este proceso suele empezar con la enseñanza –transfiriendo habilidades o información–, y va seguido de un ejercicio de *coaching* práctico para permitir que el estudiante sea competente al usar los conocimientos o la información.

Coaching en el mundo actual

El proyecto de *coaching* es una forma beneficiosa, eficiente, de apoyar el desarrollo y crecimiento de los demás. A diferencia de un curso de formación, el *coaching* es flexible en su planificación temporal y una parte integral del día, que ofrece exactamente lo que se desea, dónde y cuándo se quiera.

Esto es lo que hacen los padres cuando «orientan» a sus hijos para cruzar la calle. Así es como los niños «orientan» a sus padres para usar la electrónica del hogar. En el mejor de los casos, es una sociedad en la que ambas partes obtienen satisfacción.

Segunda parte
La técnica ABC

2
La técnica ABC: en qué consiste

El núcleo de este libro es la técnica ABC. Si los clientes viven una situación que quieren modificar; o bien, a través de un remedio, o bien, a través de una mejora, entonces, siempre y cuando se cumplan los criterios siguientes, esta estrategia funcionará:

Criterio 1 Al cliente le importa realmente realizar este cambio; como en cualquier otro contexto, si no existe una motivación para experimentar este cambio, no vale la pena invertir tiempo en ello.

Criterio 2 El cliente espera volver a encontrarse en esa situación.

La situación podría ser mejorar la capacidad de los clientes para afrontar un tipo concreto de acontecimiento, o la conducta de una persona, o su propio comportamiento o reacción. Ni siquiera tienen que relatarle detalles, ni citar nombres; la clave está en que «ellos» comprendan qué está ocurriendo y quieran crear lo que podría ser mejor, no en que «usted» comprenda todos los detalles.

Se tardan 30 minutos en completar esta técnica ABC, aunque es probable que quiera detenerse para pensar entre los pasos, sobre todo entre el paso B y el C, ya que pasará de «qué» podría ser mejor a «cómo» podría ocurrir esa mejora. Y, sin duda, debería alentar a los clientes a que la «dejen madurar» antes de empezar a aplicar los cambios.

La mayoría de clientes creen que una aplicación exhaustiva de los tres pasos es suficiente. Otros piensan que es útil la repetición unos días después.

Este simple proceso es todo lo que necesitan los clientes para comprender cómo lograr lo que desean. Aunque no sepan lo que quieren en un principio, o que sólo sepan lo que «no» desean que vuelva a ocurrir, funcionará. Simplemente, plantee las preguntas, deje claro que dispone de todo el tiempo del mundo para permitir que las respuestas surjan por completo, y luego presente la cuestión siguiente. No hay ninguna necesidad de comentar o aconsejar o interferir de ningún modo. Los clientes obtienen el conocimiento y las ideas a partir de sus propias respuestas y no a partir de usted.

Vamos a presentar este proceso en su forma más simple para que pueda apreciar lo sencillo y fácil que es. En el próximo capítulo, le recomendamos que se tome un tiempo para probarlo por su cuenta en relación con una situación que le gustaría mejorar. De este modo, comprenderá cómo las preguntas provocan pensamientos creando sus propias soluciones.

CONSEJO

Hablar y escribir

Si los clientes tienen un problema privado que no quieren ni comentarle, puede orientarles para usar este formato, y mientras usted plantea las preguntas, ellos anotan las respuestas. Muchos clientes nos han confesado que prefieren esta privacidad. La mayoría, sin embargo, obtienen más beneficios si expresan las respuestas en voz alta, y escuchan lo que acaban de decir. Para otros, tiene más efecto escribir las respuestas y ver lo que acaba de revelarse.

A continuación, encontrará una perspectiva general de las preguntas de la técnica ABC:

PASO A: Comprender la situación

A1   ¿Qué estaba *pensando* en esa situación?

A2   ¿Cómo se estaba *sintiendo* en esa situación?

A3   ¿Qué es lo que *necesitaba,* o no tenía, o le faltaba, o no se le daba?

A4   ¿Qué *papel* estaba desempeñando?

A5   ¿Qué es lo que creía que era cierto?

A6 Por tanto, ¿qué título le daría a esta situación que la resumiera mejor?

Muy ocasionalmente, podría ser que necesitara conformar más diagnósticos, así que, a continuación, encontrará otras preguntas suplementarias:

A7 ¿De qué estaba asustado? ¿Qué daba miedo o era preocupante?

A8 ¿Qué estaba esperando? ¿Cuáles eran sus esperanzas?

A9 ¿Qué es lo que estaba yendo en contra de sus valores o creencias?

A10 ¿Qué era importante para usted? ¿Qué era importante?

A11 ¿Qué le estaba resultando difícil? ¿Cuáles eran las dificultades?

A12 ¿Qué destrezas le faltaban? ¿Qué habilidades se estaban pasando por alto?

A13 ¿Qué información estaba ignorando? ¿Qué información faltaba?

A14 ¿Qué estaba mal en el dónde, el cuándo, el quién; quién más estaba a su alrededor, o no lo estaba?

A15 ¿Y qué ESTABA saliendo bien, aunque no se hubiera percatado de ello en ese momento? ¿Qué MÁS estaba saliendo bien?

Y luego, vuelva a repetir de la cuestión **A1** a la **A6**.

PASO B: Comprender *qué* podría ser mejor

B1 ¿Qué es lo *mejor* que podría estar *pensando*, para lograr lo que desea en esa situación?

B2 ¿Qué es lo *mejor* que podría estar *sintiendo*, para conseguir lo que desea en esa situación?

B3 ¿Cuál es el mejor *papel* que podría estar desempeñando, para lograr lo que desea en esa situación?

B4 ¿Qué es lo mejor que podría haber creído que era cierto, para obtener lo que quiere en esa situación?

B5 Por tanto, ¿qué título le daría ahora a la situación?

PASO C: Comprender *cómo* podría ser mejor

C1 ¿Qué *hará*, o podría hacer, exactamente, para lograr lo que desea en esa situación?

C2 ¿Qué *se dirá*, o podría decirse, exactamente, a sí mismo o a otras personas, para obtener lo que desea en esa situación?

C3 ¿Qué cuestiones *se planteará*, o podría plantearse, a sí mismo o a otros, para lograr lo que desea en esa situación?

C4 ¿Qué *dejará*, o podría dejar, de hacer, para lograr lo que quiere en esa situación?

C5 ¿Qué *dejará*, o podría dejar, de decirse, para obtener lo que desea en esa situación?

C6 ¿Qué preguntas *dejará*, o podría dejar, de hacerse, a sí mismo o a otras personas, para alcanzar lo que desea en esa situación?

C7 ¿Qué más tiene que ocurrir, para que consiga lo que desea en esa situación?

CONSEJO

El regalo del tiempo

Cuando utilice esta técnica con los clientes, aunque esté escuchando atenta y comprensivamente, es primordial que les anime a escucharse a sí mismos; son ellos los que tienen que escuchar la información y reflexionar sobre su importancia, no usted. En consecuencia, no es necesario precipitarse hacia la siguiente pregunta hasta que el cliente le mire a los ojos, dispuesto a continuar, cuando haya digerido completamente lo que se ha revelado.

Para algunas personas, «escuchar» sus palabras pronunciadas en voz alta es una parte crucial de la experiencia, ya que prueban sus conocimientos para sopesarlos, para comprender lo que está ocurriendo. Otras personas se benefician de «ver» lo que han escrito, para sopesarlo. Otras, es posible que se sientan satisfechas simplemente si se las «describen» en la cabeza.

3
La técnica ABC: tres ejemplos de la vida real

Para ilustrar mejor la simplicidad y el efecto de la técnica ABC, incluimos tres ejemplos de deseos de diferentes clientes:

1. Mejorar una relación.
2. Cambiar una conducta límite.
3. Basarse en una virtud para lograr un objetivo concreto.

Hemos incluido varias observaciones entre paréntesis para darle el tono de las respuestas.

Caso de estudio: Querer mejorar una relación: una aprendiza que cree que está preparada para un ascenso

Paso A: Comprender la situación

(No es necesario pedirle al cliente «cuéntemelo», ya que la estructura de estas cuestiones le permite hacerlo de un modo ordenado y útil.)

A1 **¿Qué estaba *pensando* en esa situación?**

- Estoy preparada para un ascenso.
- Me lo prometieron cuando me incorporé.
- Lleva seis meses de retraso.
- Si reconoce que soy buena en el trabajo, ¿por qué no me asciende como se me prometió?
- ¿A lo mejor me están utilizando? ¿Quizá debería empezar a mirar a mi alrededor?
- No estoy tan contenta como solía estar. Sí, (suspiro) así es.

(Advierta cómo los pensamientos superficiales van convirtiéndose en otros más profundos.)

A2 ¿Cómo se estaba *sintiendo* en esa situación?

- Malhumorada.
- Enfadada.
- Maltratada.
- Engañada.
- Enfadada, sí, «enfadada».

A3 ¿Qué es lo que *necesitaba,* o no tenía, o le faltaba, o no se le daba?

- Respeto, creo. Sí, respeto.

A4 ¿Qué *papel* estaba desempeñando?

- Mmm, (una pausa larga).
- No estoy segura de que estuviera interpretando un papel.
- Creo que era mi jefe el que me estaba ignorando.

Si se viera a sí misma en una película sobre esa situación, ¿cómo describiría el papel que estaba interpretando, aunque no fuera intencionado interpretar ese papel u otro?

- Ah, vale, creo que interpretaba el papel de la pequeña huérfana de la película Annie.

A5 ¿Qué es lo que creía que era cierto?
(En una voz muy baja)

- ¿A lo mejor, «No soy tan buena como creo que soy»?

(No parecía muy convencida de lo que estaba confesando, no obstante.)

A6 Por tanto, ¿qué título le daría a esta situación que la resumiera mejor?

- Creo que «La pequeña huérfana Annie» lo resume todo.
- No estoy del todo segura.

(A causa de su indecisión, le planteamos las preguntas suplementarias.)

A7 ¿De qué estaba asustada? ¿Qué daba miedo o era preocupante?

- Me daba miedo perder mi trabajo en total, en realidad. Se estaba despidiendo a muchas personas en ese momento.
- Además, estaba preocupada sobre cómo administraría el dinero, ya que soy una madre soltera.
- Me asustaba que mis padres lo descubrieran, ya que siempre me comentaban que ese trabajo no era bueno.

La técnica ABC: tres ejemplos de la vida real

A8 **¿Qué estaba esperando? ¿Cuáles eran sus esperanzas?**

- ¡Esperaba un milagro!
- Esperaba que las cosas cambiaran, sin que fuera necesario que yo hiciera o dijera nada.

A9 **¿Qué es lo que estaba yendo en contra de sus valores o creencias?**

- Creo que las personas deberían hacer honor a sus promesas y cumplir lo que aseguran que van a hacer.
- Creo que estaba haciendo un buen trabajo; mi jefe me lo decía en más de una ocasión.
- Creo que es una falta de respeto no cumplir con lo que has dicho que ibas a hacer.

A10 **¿Qué era importante para usted? ¿Qué era importante?**

- Que mis padres pudieran ver que lo estaba logrando, y que tenía razón al aceptar ese trabajo.
- Obtener un aumento, ya que creo que estoy haciendo un buen trabajo, pero me están explotando un poco en este momento.

A11 **¿Qué le estaba resultando difícil? ¿Cuáles eran las dificultades?**

- Mmm, expresarme, ya que me daba miedo que mi jefe pudiera despedirme.
- Mmm, hablar de esto con alguien, por si podía parecer estúpida.

A12 **¿Qué destrezas le faltaban? ¿Qué habilidades se estaban pasando por alto?**

- Saber cómo expresarme sin empeorar las cosas.
- Así es, exactamente.

A13 **¿Qué información estaba ignorando? ¿Qué información faltaba?**

- Lo que mi jefe necesitaba ver para sentirse preparado para ascenderme, creo.
- Deseo el ascenso más para que mis padres lo vean, que por el dinero, ahora que pienso en ello.

(Una advertencia: ¡algunas ideas surgían en la pregunta «equivocada»! Esto está bien, por supuesto.)

A14 ¿Qué estaba mal en el dónde, el cuándo, el quién; quién más estaba a su alrededor, o no lo estaba?

- Es una pena que tengan que estar despidiendo a gente justo en este momento: esto no me ayuda mucho, ¿verdad? Pero, ¿verdad que tampoco es culpa mía?

A15 ¿Y qué ESTABA saliendo bien, aunque pueda ser que no se hubiera percatado de ello en ese momento? ¿Qué MÁS estaba saliendo bien?

- Bueno, en realidad, creo que «todo» estaba saliendo bien... (pausa, mirada de sorpresa).
- Ahora que lo pienso, mi jefe parecía sentirse verdaderamente contento conmigo y mi trabajo.
- ¿A lo mejor, está preocupado por si le despiden a él? No lo había pensado antes.

Y luego, repetimos las preguntas de la A1 a la A 6, añadiendo: «Por tanto, volvamos a repasar las seis primeras preguntas». (Compruebe cómo las respuestas surgen ahora «mucho» más rápido y seguido.)

A1 (de nuevo) ¿Qué estaba *pensando* en esa situación?

- Quiero un ascenso.
- «Necesito» un ascenso.

A2 (de nuevo) ¿Cómo se estaba *sintiendo* en esa situación?

- Realmente asustada sobre lo que mis padres pudieran pensar.

A3 (de nuevo) ¿Qué es lo que *necesitaba,* o no tenía, o le faltaba, o no se le daba?

- Hacerme una idea más general: los despidos, la presión bajo la que debería estar mi jefe, la preocupación de mis padres por mí y por mi hijo.

A4 (de nuevo) ¿Qué *papel* estaba desempeñando?

- La pequeña huérfana Annie puede ser que no sea lo más adecuado. A lo mejor, ¡la pequeña huérfana ignorante! (Y rió por primera vez en la reunión.)

A5 (de nuevo) ¿Qué es lo que creía que era cierto?

- Antes he respondido: «No soy tan buena como creo que soy», pero creo que no lo pensaba realmente. ¿Sería mejor «No sé qué creer en esta situación: estoy perdida»?

La técnica ABC: tres ejemplos de la vida real 47

A6 (de nuevo) Por tanto, ¿qué título le daría a esta situación que la resumiera mejor?

- Estoy perdida. ¿Puedo tener el mismo título que acabo de dar? Sí, perfecto. Entonces, «Estoy perdida».

Paso B: Comprender qué podría ser mejor

B1 En consecuencia, ¿qué es lo *mejor* que podría estar *pensando* para lograr lo que desea en esa situación?

- Voy a descubrir qué está sucediendo.

B2 ¿Qué es lo *mejor* que podría estar *sintiendo* para lograr lo que desea en esa situación?

- Valor. De hecho, ¿verdad que no he hecho nada malo?

B3 ¿Cuál es el mejor *papel* que podría estar interpretando para conseguir lo que desea en esa situación?

- Mmm, creo que el de mi jefe. Sí, sí.

B4 ¿Qué es lo mejor que podría haber creído que era cierto para obtener lo que quiere en esa situación?

- Estoy bien, no he hecho nada malo. (Le pedimos que eligiera una opción.)
- De acuerdo, no he hecho nada malo.

B5 Por tanto, ¿qué título le daría ahora a la situación?

- «Vamos a descubrirlo.»

Paso C: Comprender cómo podría ser mejor

C1 ¿Qué *hará*, o podría hacer, exactamente, para lograr lo que desea en esa situación?

- Voy a encontrar un buen momento para hablar con mi superior, para descubrir qué esta ocurriendo y permitirle, quizá, que hable conmigo, si lo necesita.

C2 **¿Qué *se dirá*, o podría decirse, exactamente,** a sí misma o a otras personas, para obtener lo que desea en esa situación?

- Simplemente, voy a decirle que me gustaría disponer de 15 minutos en algún momento.
- Así es. (Pausa)
- Y, a lo mejor, podría comentarles también algo a mis padres, tan solo que... mmm; tendré que pensar en ello más tarde. (No la presionamos a pensarlo en ese momento.)

C3 **¿Qué cuestiones *se planteará*, o podría plantearse,** a sí misma o a otros, para alcanzar lo que desea en esa situación?

- ¿Puede dedicarme 15 minutos de su tiempo, por favor, jefe? (Volvió a reírse.)

C4 **¿Qué *dejará*, o podría dejar, de hacer** para lograr lo que quiere en esa situación?

- Dejar de preocuparme de que es culpa mía, cuando *sé* que no lo es.

C5 **¿Qué *dejará*, o podría dejar, de decirse,** para obtener lo que desea en esa situación?

- No voy a repetirme todo el tiempo que es culpa mía, y que me van a despedir, y que podría ser que mis padres tuvieran razón desde el principio; debo haberme sentido muy triste estando allí. De hecho, es increíble que ¡no me hayan destituido todavía! (Risas.) Quizá, (largar pausa), sea que no hago tan mal mi trabajo...

C6 **¿Qué preguntas *dejará*, o podría dejar, de hacerse,** a sí misma o a otras personas, para lograr lo que desea en esa situación?

- ¿Por qué no me han ascendido? ¿Por qué no me han ascendido? Solía preguntármelo todo el tiempo.

C7 **¿Qué más tiene que ocurrir** para que consiga lo que desea en esa situación?

- Nada realmente. (Pausa)
- Sólo descubrir qué está ocurriendo. (Pausa)
- Y dejar de tragarme las cosas en el futuro.

(Descubrimos que proseguirán más ideas si nos sentamos tranquila y expectativamente cuando alguien dice «nada, de verdad...» en oposición a «nada».)

Caso de estudio: Querer cambiar una conducta límite: un ejecutivo intermedio, aparentemente próspero, que acababa de ser ascendido en una empresa

Paso A: **Comprender la situación**

A1 ¿Qué estaba *pensando* en esa situación?

- (Pausa. Voz baja.) Estoy hecho un lío.
- Todo el mundo me ve como un triunfador, pero es principalmente una cuestión de suerte.
- Espero que no me descubran.
- Soy un fraude.
- Mis amigos, ex amigos, que no obtuvieron ese ascenso, me odian.
- Están intentando pillarme.

A2 ¿Cómo se estaba *sintiendo* en esa situación?

- (Largas pausas entre cada respuesta.) Dolor de estómago.
- Náuseas.
- Temblores.
- Tensión en el cuello y los hombros.
- La columna vertebral parecía una barra de hielo.

A3 ¿Qué es lo que *necesitaba*, o no tenía, o le faltaba, o no se le daba?

- Mmm, es complicado. Mmm.
- ¡Feed-back! Nadie me explica si lo estoy haciendo bien o no, así que no me atrevo a preguntarlo.
- Lo siento, no me atreví a preguntarlo (en pasado). ¿Qué más?
- Confianza para preguntar cómo lo estoy haciendo.
- Cómo no tomarme personalmente sus respuestas.
- Enfrentarme a las personas que siguen poniendo impedimentos, con palabras amables, por supuesto.
- Ser convincente.
- Dejar de sentir lástima de mí mismo.
- Continuar con el trabajo, y no preocuparme mucho por no molestar a otras personas.
- Advertir que obtuve el ascenso y que, por tanto, está claro que soy suficientemente bueno.

A4 ¿Qué *papel* estaba desempeñando?

- Mmm, (una larga pausa). Señor Ratoncillo tímido, creo.

(Una pausa larga a medida que la frase va calando. Luego, se ríe.)

A5 ¿Qué es lo que creía que era cierto?

(Muy práctico en este punto, los enumeró y los contó con los dedos.)

- No vale la pena que me preocupe.
- Soy inútil.
- Voy a ser descubierto.
- Soy un fraude.
- Me siento indefenso.
- Estoy siendo discriminado.
- Yo soy la víctima.
- ¡Soy la víctima del año!
- ¡Eso es! La víctima del año.

(Observamos y oímos un punto y aparte sólido, que indicaba que había terminado.)

A6 Por tanto, ¿qué título le daría a esta situación que la resumiera mejor?

- «Víctima del año.»

Paso B: Comprender qué podría ser mejor

B1 ¿Qué es lo *mejor* que podría estar *pensando*, para lograr lo que desea en esa situación?

- Muy fácil: puedo *conseguirlo*.

B2 ¿Qué es lo *mejor* que podría estar *sintiendo*, para lograr lo que desea en esa situación?

- Mmm, ¿tranquilo? (pausa).
- Quizá, ¿profesional?
- No, esto no es un sentimiento, ¿verdad?
- Sí, TRANQUILO. Eso es. Tranquilo.

B3 ¿Cuál es el mejor *papel* que podría estar desempeñando, para lograr lo que desea en esa situación?

- Muy sencillo: el de manager.
- No, un momento, el de manager profesional.
- Sí, manager profesional.

B4 **¿Qué es lo mejor que podría haber creído que era cierto** para obtener lo que quiere en esa situación?

- Mmm, ¿ahora ya soy un manager profesional, no? (Larga pausa.)
- Sí, ahora soy un manager profesional.
- Ahora soy un manager profesional. Sí, lo soy. (Ancha sonrisa.)

B5 **Por tanto, ¿qué título le daría ahora a la situación?**

- ¿Puedo dirigir? Mmm
- ¿Todo bajo control?
- Eso es, «Bajo control».

Paso C: Comprender cómo podría ser mejor

C1 **¿Qué *hará*, o podría hacer, exactamente,** para lograr lo que desea en esa situación?

- Voy a empezar a mantener reuniones regulares en lugar de esconderme.
- Podría llegar a salir a la hora de la comida o para tomar una copa con cada persona, para hablar cara a cara.
- Voy a tener que seguir con mi trabajo.
- Voy a tener que subir un poco mi silla para poder ver qué está ocurriendo y para ser visto, en vez de tenerla bajada para esconderme.

C2 **¿Qué *se dirá*, o podría decirse, exactamente,** a sí mismo o a otras personas, para obtener lo que desea en esa situación?

- ¿A mí mismo? Soy un manager profesional, lo tengo todo bajo control.
- ¿A los demás? Voy a decir qué quiero en lugar de no atreverme a hacerlo.

C3 **¿Qué cuestiones *se planteará*, o podría plantearse**, a sí mismo o a otros, para lograr lo que desea en esa situación?

- Voy a pedirles a otras personas que me indiquen lo que tengan que decirme en vez de sólo decírmelo a medias.
- Les voy a preguntar cómo lo estoy haciendo.
- Le voy a pedir a mi jefe tener reuniones regulares de revisión.
- Voy a pedirle los recursos que me prometió, que todavía no me ha entregado, y que he dejado pasar.
- Voy a pedir aclaraciones de todo lo que no entienda, en lugar de fingir.

C4 ¿Qué *dejará*, o podría dejar de hacer, para lograr lo que quiere en esa situación?

- Voy a dejar de actuar «tímidamente». Sí, eso es.

C5 ¿Qué *dejará*, o podría dejar de decirse, para obtener lo que desea en esa situación?

- A mí mismo, todo el rollo sobre no estar a la altura. ¡Soy suficientemente válido!
- ¿A los demás? Voy a dejar de enunciar patéticamente: «¡Ah!, si prefiere hacerlo a su manera, no pasa nada».

C6 ¿Qué preguntas *dejará*, o podría dejar de hacerse, a sí mismo o a otras personas, para lograr lo que desea en esa situación?

- Voy a dejar de preguntarle a todo el mundo: «¿Es correcto?», después de todo lo que digo.

C7 ¿Qué más tiene que ocurrir para que consiga lo que desea en esa situación?

- Voy a comprarme un traje nuevo y algunas corbatas, para encajar mejor en el papel.

Caso de estudio: Basarse en una virtud para lograr un objetivo concreto: un puesto de dirección intermedio

Paso A: Comprender la situación

A1 ¿Qué está *pensando*?

- Creo que tengo don de gentes y me gustaría convertirme en *coach*, como ustedes.
- Me gustan las sesiones de *coaching*.
- Eso es todo.

A2 ¿Qué está *sintiendo*?

- Nada en especial, simplemente pienso que me gustaría intentarlo.

A3 ¿Qué es lo que *necesita* o no tiene o le falta o no se le ofrece?

- Mmm, buena pregunta. (Larga pausa.)

- ¿Quizá formación?
- ¿Una evaluación sobre si se me daría bien?

A4 **¿Qué *papel* está o estaba desempeñando?**

- Creo que interpretaba el papel del... ¿quién era el actor que interpretaba a un mudo que no podía hablar, de modo que nadie se daba cuenta de que estaba allí?
- Mmm, digamos el mudo.

A5 **¿Qué es lo que creía que era cierto?**

- De hecho, no creo que necesite más preguntas, gracias. Voy a seguir y descubrir por mí mismo qué es lo que necesito.

(Y la claridad, a menudo, se presenta tan rápidamente como en este caso.)

4
La técnica ABC: usarla

Después de haber observado las palabras y preguntas del capítulo anterior, es posible que haya detectado cómo funciona la técnica ABC. Ahora, ha llegado el momento de aplicarla a una dificultad concreta que tenga.

A medida que planteemos cada pregunta, entraremos un poco en detalle, tal como haríamos en una sesión de formación o *coaching*. Esto se presenta en cursiva. Sin embargo, si puede advertir a través del lenguaje corporal de los clientes y del modo que mueven los ojos, que todavía están procesando información en respuesta a una pregunta anterior, entonces espere a que terminen. En estos casos, plantear una pregunta complementaria puede llegar a interrumpir el proceso y quitarle mérito.

Puede ser que esté leyendo este libro para hacerse una impresión general de cómo funciona esta técnica antes de volver a abordarla con más detenimiento. Le recomendamos fervientemente que se conceda un poco de tiempo y que se permita experimentar este ejercicio. Resérvese un tiempo para considerar y buscar información más allá de la información obvia que le venga a la mente. **El efecto de la técnica ABC cambiará la forma como leerá y usará el resto del libro.**

Para este ejercicio, escoja un hecho que haya ocurrido en el pasado y que pueda volver a suceder en el futuro. Aunque esta técnica ABC puede ser igualmente útil para conseguir que una virtud se consolide aún más, en esta ocasión seleccione un acontecimiento que le haga desmoronarse al pensar en ello. Asegúrese de que sea un hecho que realmente desea para afrontar mejor la situación en el futuro.

Podría tratarse de alguien con quien sabe que nunca se llevará bien. Podría ser un error que ha cometido con asiduidad. Podría ser una conducta límite que crea que no puede cambiar.

Por favor, siéntase libre para fotocopiar estas páginas y ampliarlas de modo que pueda escribir las respuestas en los espacios, pero en cualquier caso, reserve como mínimo 10 líneas para cada una de las preguntas de los pasos A y C, y una línea para cada una de las respuestas del paso B.

Así pues, volvamos a usted y a la situación en la que quiere trabajar. Busque un lugar tranquilo en el que no vayan a molestarle. Notará que las preguntas se le repiten en la cabeza como un pensamiento reflexivo; por ejemplo: «¿Qué estaba usted "pensando"?», se convertirá en «¿Qué "estaba" yo pensando?».

Paso A

Empecemos por **lo que ha estado sucediendo** en esa situación, y recuerde que sólo está describiéndolo, no hundiéndose al reexperimentarla, por tanto siéntese y recuerde mantener la descripción en pasado. Relate lo que «ha estado» ocurriendo.

A1 ¿Qué estaba *pensando* en esa situación?

Y qué más pensaba, y qué más, etc. No deje de escribir cualquier mínimo detalle de lo que le rondaba por la cabeza; no importa lo aparentemente pequeño o trivial u obvio que parezca, escríbalo todo para llegar a entender completamente qué le estaba sucediendo, independientemente de que fuera, o no, consciente de ello en ese momento. ¿Qué más se estaba diciendo a sí mismo o podía ver en su imaginación?; porque en esto consiste el pensamiento. Mencione tantos detalles como pueda.

A2 ¿Qué estaba *sintiendo* en esa situación?

Y qué más, qué más, etc. No deje de escribir cualquier sensación inapreciable que estuviera percibiendo de hombros hacia abajo, y también en este caso no importa lo aparentemente pequeña, trivial u obvia que sea, y tampoco importa si era consciente *de ello, o no, en ese momento. Si se le ocurre «Sentía **que**...», podría descubrir que se trata de un pensamiento, no de un sentimiento. Por ejemplo, un sentimiento de: 1) enfado o 2) frialdad o 3) terror, es probable que tras varios segundos se convierta en un pensamiento del tipo 1) quiero venganza o 2) quiero escaparme o 3) desearía encontrarme en cualquier otro lugar. Por lo tanto, escriba todas estas ideas adicionales en el apartado A1. Y no olvide mencionar todos los sentimientos y sensaciones que sintiera de hombros hacia abajo y que le estuvieran asediando en esa situación.*

A3   ¿**Qué es lo que** *necesitaba,* **o no tenía, o le faltaba, o no se le daba?**

Y qué más, qué más, etc. No deje de anotar hasta el más ínfimo detalle que podría haber conseguido que la situación diera un giro espectacular si lo hubiera tenido a su alcance en ese momento. ¿Qué podría –que advierta en la actualidad– habérsele escondido? ¿Qué es lo que no sabía que le fuera necesario en esa época? ¿Qué otros recursos le faltaban, que no hacen que sea sorprendente que la situación no le saliera tan bien como era posible? Mencione todo lo que pueda –¿qué necesitaba del exterior y qué necesitaba de su interior?–, y recuerde que hizo todo lo que pudo, dados los recursos que tenía disponibles en ese momento, o que usted creía que tenía a su disposición en ese momento. ¿Verdad que nadie lo podría haber hecho mejor, con esos recursos y esa conciencia personal? Así pues, tome nota de todo lo que le faltaba.

A4   ¿**Qué** *papel* **estaba desempeñando?**

Si se viera a sí mismo en una película sobre esa situación, ¿cómo describiría el papel que estaba interpretando –aunque no fuera intencionado representar ese o cualquier otro papel–? Imagine que se estuviera rodando una película sobre esa situación y que usted fuera incapaz de interpretarse a sí mismo en el film. Imagine qué necesitaría para completar esta frase: «¿Encargado del casting? Necesito a alguien que interprete el papel de X, por favor». O «Necesito a alguien para interpretar el papel de un X, por favor». Confíe en lo primero que se le ocurra; podría ser el nombre de un actor o de un personaje en una película o serie de TV concretas; podría ser un tipo de conducta –algo que resuma cómo se estaba comportando en ese momento, cómo se sentía y qué parecía–. Revise los ejemplos, si necesita un poco de inspiración, de la página 43, y recuerde que es muy probable que no eligiera interpretar ese papel deliberadamente, pero al volver la vista atrás, este es el aspecto que tenía su comportamiento y lo que habría parecido. Escriba sólo una **única** descripción del papel que mejor encaje con su conocimiento de la situación. Siga intentando buscarlo hasta que lo descubra «¡Este es! ¡Así es como me estaba comportando exactamente!».

A5   ¿Qué es lo que creía que era cierto?

Y qué más, qué más, etc. Sobre la situación, sobre sí mismo, sobre otras personas, sobre cualquier cosa que recuerde. Vuelva a confiar en lo que se le ocurra y ¡escriba mucho!

A6   Por tanto, ¿qué título le daría a esta situación, que la resumiera mejor?

Como en el caso del título de una película, o una canción, o una serie de televisión –puede inventarse uno o usar uno que ya conozca–, opte sólo por el que le haga exclamar «¡Este es! ¡Así es como era exactamente!».

Estas preguntas serán suficientes en la mayoría de casos. No obstante, es posible que haya ocasiones en las que los clientes necesiten un poco más de profundidad, entrar más en detalle, para poder identificar el camino hacia adelante. En esos casos, emplee las preguntas adicionales siguientes. La práctica y experiencia le indicarán cuándo será necesario, por ejemplo, si los clientes está dando respuestas evasivas y escuetas, y no se están comprometiendo del todo en el proceso de descubrimiento, o utilizan un tono de voz escapista. Puede proponerles: «¿Le gustaría que le hiciera unas cuantas preguntas más, muy interesantes, que le ayudarán a llegar a la raíz del problema, o quizá querría descansar un poco, o preferiría otro momento, sitio o persona para hacerlo, o escribir las respuestas en lugar de expresarlas en voz alta?».

Y recuerde que usted y los clientes deberían estar sentados muy erguidos grabando esta información como si fueran unos periodistas fieles, sin nadar en la experiencia. ¡Piense concisa y eficientemente!

A7 ¿De qué estaba asustado? ¿Qué daba miedo o era preocupante?

*¿De qué estaba **verdaderamente** asustado? ¿Qué es lo que daba **realmente** miedo o era preocupante? Si está siendo muy honesto consigo mismo en este punto, ¿qué más puede añadir? Si se siente lo suficientemente valiente como para admitirlo, ¿qué más agregaría? Se trata de información sobre la situación, para comprender cómo sucedió exactamente, y cuanto más completa sea la información de que dispone, más ideas obtendrá sobre qué podría hacer en lugar de eso. Y recuerde que sólo está describiendo cómo ocurrió en ese momento; por tanto, siéntese muy erguido y grabe la información como si fuera un periodista. Esto no es una terapia; no tiene que reexperimentarlo para ser capaz de comprenderlo.*

A8 ¿Qué estaba esperando? ¿Cuáles eran sus esperanzas?

Y ¿qué es lo que estaba esperando, en caso de que así fuera? ¿Para usted o para la situación, o para otra persona o personas, o para todo en conjunto? Porque si no tiene claro hacia dónde avanzar, es difícil moverse. ¿Qué es lo que esperaba **realmente**?

A9 ¿Qué es lo que estaba yendo en contra de sus valores o creencias?

A menudo, sentimos que algo es extremadamente malo para nosotros, incluso sólo pensar hacerlo –ese sentimiento doloroso en el estómago–. Entonces, ¿qué era todo lo que le parecía «malo», con independencia de que se diera cuenta de ello, o no, en ese momento? ¿Qué más? ¿Qué más?

A10 ¿Qué era importante para usted? ¿Qué era importante?

¿Qué es lo que le estaba motivando, si es que había algo? ¿Qué más podría añadir? ¿Para usted, para otras personas, o para la situación en general? ¿Qué más?

A11 ¿Qué le estaba resultando difícil? ¿Cuáles eran las dificultades?

Se trata de ser realista, no de buscar culpables. No hemos nacido capacitados para hacer todo lo que es posible que necesitemos hacer. «Aprender es lo que hace-

mos cuando no sabemos qué hacer», *dijo Piaget. Por tanto, ¿qué le estaba resultando difícil y para lo que habría agradecido un poco de ayuda? ¿Qué más podría comentar?*

A12 ¿Qué destrezas le faltaban? ¿Qué habilidades se estaban pasando por alto?

Enumérelas todas, porque nadie sin estas habilidades podría haberlo hecho mejor que usted, ¿no es cierto? En consecuencia, para afrontarlo mejor en el futuro, ¿qué otras capacidades se da cuenta ahora que le faltaban? ¿Y qué conocimientos les faltaban a las otras personas?

A13 ¿Qué información estaba ignorando? ¿Qué información faltaba?

Como en el caso anterior, ¿qué es lo que no sabía que contribuyó a que la situación no fuera muy satisfactoria para usted? ¿Qué es lo que no sabían otras personas?

A14 ¿Qué estaba mal en el dónde, el cuándo, el quién; quién más estaba a su alrededor, o no lo estaba?

Existían factores ambientales sobre el momento y el lugar. Y otras personas podrían haber empeorado más la situación con su presencia, o la empeoraron porque no estaban allí; ¿qué otros puntos negativos tenía el dónde, el cuándo y el quién?

A15 ¿Y qué ESTABA saliendo bien, aunque pueda ser que no lo hubiera notado en ese momento? ¿Qué MÁS estaba saliendo bien?

*Es posible que hubiera pasado por alto estas cosas en ese momento, debido a lo que sucedía a su alrededor. Por eso, esfuércese en pensar lo que ahora puede ver u oír o sentir que le **estaba** saliendo bien, o incluso normal.*

Y, ahora, vuelva a plantearse estas preguntas:

A1 ¿Qué estaba *pensando* en esa situación?

A2 ¿Qué estaba *sintiendo* en esa situación?

La técnica ABC: usarla

A3 ¿Qué es lo que *necesitaba,* o no tenía, o le faltaba, o no se le daba?

A4 ¿Qué *papel* estaba desempeñando?

A5 ¿Qué es lo que *creía* que era cierto?

A6 Por tanto, ¿qué título le daría a esta situación que la resumiera mejor ahora?

Revise todo lo que ha escrito, luego realice los cambios o modificaciones que crea que quiere introducir.

Después, **trace un círculo o subraye lo que le llame la atención como aprendizaje clave**.

Y escriba los **tres aprendizajes principales en una pequeña «tarjeta de bolsillo»** (véase página 68) –una tarjeta de negocios normal, o del tamaño de una tarjeta de crédito, o un papel que pueda llevar consigo– **para recordar qué es lo que decide que no va a volver a ocurrir.**

Paso B

Pasemos ahora a pensar en **lo que podría ser mejor** (es probable que quiera tomarse un descanso antes de realizar este paso, para permitir que algunas de sus ideas se consoliden después del paso A, no hay prisa).

Por el momento, cíñase a «qué» quiere y deje para más tarde «cómo» podría lograrlo. ¿Por qué censurar todos los «qué» porque no pueda ni llegar a imaginarse ningún «cómo» práctico?

Después de todo, si ha vivido con un «qué» muy deseable durante un tiempo, es fascinante cómo los «cómo» empiezan a presentarse como posibilidades reales.

B1 **¿Qué es lo *mejor* que podría estar *pensando*** para lograr lo que desea en esa situación?

Quizá quiera tan sólo mirar ensimismadamente al espacio o por la ventana, para que esto le ayude a imaginar la respuesta mientras se pregunta a sí mismo: «¿Qué es lo mejor que podría estar pensando?».

En nuestra experiencia, esta es la pregunta más difícil de responder, por tanto, asegúrese de que le está resultando difícil; es cierto: ¡es difícil! Después de todo, si hubiera sabido cuál era la mejor solución para usted, ya la habría adoptado.

*Cerciórese de qué es **lo** mejor que podría estar pensando. Y sea realista al mismo tiempo, ya que se trata de una situación de la vida real. Luego, observe lo que ha escrito y pregúntese, realistamente, ¿es la mejor idea que puedo tener en la cabeza, para que me ayude a lograr lo que quiero? Sostenga el papel a cierta distancia y observe qué es lo que está escrito y pregúntese: «¿Realmente esta es la idea más simple que puedo tener en la cabeza?».*

B2 **¿Qué es lo *mejor* que podría estar *sintiendo*** para conseguir lo que desea en esa situación?

De nuevo, sólo una cosa, la mejor. Sopésela para asegurarse de que encaja a la perfección, y recuerde que también en este caso estamos hablando realistamente. ¿Qué es lo mejor que podría estar sintiendo para obtener lo que desea en esta situación?

B3 **¿Cuál es el mejor *papel* que podría estar desempeñando,** para lograr lo que desea en esa situación?

De nuevo, sólo un papel, el mejor. Imagíneselo desde su perspectiva, desde la perspectiva de otra persona y desde el punto de vista de una mosca-en-la-pared; compruebe que esto es lo que funciona mejor, para todo.

B4 **¿Qué es lo mejor que podría haber creído que era cierto,** para obtener lo que quiere en esa situación?

También en este caso, sólo una cosa, la mejor; bien sobre usted, bien sobre otra persona, o bien sobre la situación.

B5 **Por tanto, ¿qué título le daría ahora a la situación,** como si se tratara de una película, una canción o un programa de televisión?

También en esta pregunta, vuelva a revisar lo que ha escrito. Realice cualquier cambio o modificación que crea que quiere hacer y, luego, haga un círculo o subraye lo que le llame la atención, y anote los tres puntos básicos en el **dorso** de la «tarjetita de bolsillo» para que le recuerde lo que **realmente** quiere que ocurra.

Paso C

Pasemos ahora a hacernos alguna idea sobre *cómo* podrá o podría conseguir que ocurriera y, de nuevo, es probable que quiera descansar un poco antes de proseguir, para que sus pensamientos del «qué» se afiancen, después del paso B.

Cuando realice el paso C, no censure ningún «cómo» porque no pueda imaginarse todavía cómo podría abordar esto «exactamente», ya que la técnica de *Feedforward* (página 136) podrá ayudarle.

C1 ¿**Qué *hará*, o podría hacer, exactamente,** para lograr lo que desea en esa situación?

¿Qué más agregaría? Escriba muchas cosas. Piense en ello como opciones o posibilidades a partir de las que podrá decidir o elegir más adelante. No es necesario decidir todavía, por lo cual, deje que floten sus ideas.

C2 ¿**Qué *se dirá*, o podría decirse, exactamente,** a sí mismo, o a otras personas, para obtener lo que desea en esa situación?

¿Qué más? Anote lo que podría decirse provechosamente a sí mismo, o a otras personas, y sea concreto y realista cuando piense en quién más podría decir otra cosa o cosas útiles, o antes, o durante, o después, del próximo encuentro.

C3 ¿**Qué cuestiones *se planteará*, o podría plantearse,** a sí mismo, o a otros, para lograr lo que desea en esa situación?

¿Qué más añadiría? Apunte muchos puntos. De nuevo, estos serán la materia prima a partir de la que tendrá que elegir más adelante.

C4 ¿Qué *dejará*, o podría dejar, **de hacer** para lograr lo que quiere en esa situación?

¿Qué más podría pensar? Escriba muchas cosas, como en el caso anterior. Piense en ello desde su propia posición, desde la de otras personas y desde la perspectiva de una mosca-en-la-pared.

C5 ¿Qué *dejará*, o podría **dejar de decirse,** para obtener lo que desea en esa situación?

¿Qué más? Escriba mucho, y en este apartado también sea muy concreto y claro.

C6 ¿Qué preguntas *dejará*, o podría **dejar de hacerse,** a sí mismo o a otras personas, para lograr lo que desea en esa situación?

¿Qué más podría adjuntar? Escriba muchas preguntas.

C7 ¿Qué más tiene que ocurrir, para que consiga lo que desea en esa situación?

¿Qué más? Anote muchas cosas; de nuevo, sea tan concreto como pueda en este paso.

Ahora, fíjese en esas preguntas en las que haya escrito «menos» ideas y añada tres más como mínimo. Imagine qué podría sugerirle que considerara su mejor amigo.

Anote lo que no se haya «atrevido» a escribir todavía. Recuerde, estas son sus ideas sobre cómo «podría» abordar la situación de un modo distinto, y creemos que siempre vale la pena «dejarlo reposar», para garantizar que lo que ha elegido parece realmente apropiado.

Teniendo esto en mente:

- Revise los «cómo» del paso C y subraye los que le llamen la atención.
- Escriba los más significativos en la misma cara de la tarjeta que los «qué» básicos.
- Cuando los haya dejado reposar, revise lo que ha anotado e introduzca los cambios que considere adecuados.

Así pues, ha creado un *aide-mémoire*. En una cara, tiene un recordatorio de lo que «no» quiere nunca más. Al dorso, se encuentra lo que «sí» que quiere y «cómo» podrá lograrlo.

Revíselo de vez en cuando. Realice todos los cambios que desee. Celébrelo cuando lo haya conseguido.

5
La técnica ABC: el pensamiento que se encuentra detrás

La técnica ABC funcionará sin problemas como un proceso autónomo que hace que el proyecto de *coaching* sea sencillo.

Así como las propias preguntas, su forma comprensiva y sutil de cuestionar:

- Establecerá la relación entre los clientes y el *coach*.
- Comunicará claramente que el *coach* espera que los clientes logren sus resultados, cualesquiera que sean.
- Permitirá que los clientes vean sus situaciones de otra forma distinta.

A medida que se involucre y se interese más por la práctica de *coaching* y la conducta humana, puede ser que encuentre útiles las ideas siguientes. Todas hicieron una contribución al desarrollo de la técnica ABC a lo largo de los años, y ayudaron a comprender cómo funcionaba exactamente.

Hay mucho más sobre cada una de estas habilidades complementarias de lo que vamos a describir a continuación. Hemos seleccionado los puntos que son pertinentes para la técnica ABC. Hemos usado las palabras que utilizamos en nuestro propio trabajo, en lugar del vocabulario de los creadores, para ser consecuentes con este libro.

Además, es probable que disfrute probándolas en su propia persona, así como también las explora con los clientes.

Naturaleza/educación

Nuestras personalidades, conductas y apariencias están formadas por dos factores primordiales. El primero es nuestra herencia genética. El segundo es la educación que recibimos a medida que vamos creciendo.

Naturaleza

El lado genético de cómo somos está inscrito y llevado en la sangre. Los rasgos de la personalidad, nuestra resistencia a las enfermedades, y el aspecto que tenemos, todos están influenciados por factores biológicos transmitidos por y, a través, de nuestros padres.

A pesar de que la genética y la evolución son dos temas candentes de la actualidad, este conocimiento ha estado entre nosotros durante incontables generaciones. Las familias han observado a los recién nacidos durante siglos para ver de quién han heredado la nariz y de qué lado de la familia proviene su color de piel.

También hemos aprendido que la herencia genética puede saltarse algunas generaciones. La semejanza ha sido representada con abuelos y otras ramas de la familia desde que los abuelos viven lo suficiente como para ver a sus nietos.

Los niños «saben» cómo y cuándo mamar. Lloran cuando están afligidos y duermen cuando están cansados.

Todos «sabemos» cómo protegernos del peligro, lo que nos parece atractivo en nuestra pareja y qué hacer cuando tenemos sed.

Nuestra herencia genética influirá en lo felices que somos, lo competitivos y lo trabajadores que nos volvemos. Estas características son la parte «natural» de cómo somos.

Educación

El otro factor responsable de cómo vivimos la vida proviene de la educación, los cuidados, la imitación de modelos a los que estamos expuestos cuando crecemos, no sólo de los que desempeñan el papel paterno, sino también de nuestro grupo de compañeros. Todo esto puede determinar a quién queremos parecernos.

Como necesitamos conocer tantas cosas para sobrevivir, la naturaleza parece haber considerado que es más eficiente que las aprendamos a medida que crecemos en vez de formar todo este conocimiento en nuestro interior antes de que nazcamos. Esto garantiza que aprendamos conocimientos que son pertinentes para el lugar donde vivimos. Sería inútil que la naturaleza nos hubiera inscrito en nuestro interior el conocimiento adecuado para un esquimal si hemos nacido en África. En lugar de eso, se nos ha concedido la capacidad de aprender en nuestros genes y aprendemos observando lo que será adecuado para nosotros, en nuestros propios contextos.

Desarrollarse

La mayor parte de lo que hemos aprendido de los adultos que nos rodean cuando somos jóvenes es útil (=educación). Sin embargo, nuestra prioridad es sobrevivir y, por eso, se nos ha dotado (=naturaleza) para emular a los que demuestran la capacidad de sobrevivir. Después de identificar a un superviviente, tendemos a seguir y copiar uno o más de sus comportamientos, o a veces, el conjunto global. Es posible que no nos volvamos selectivos hasta que nuestra experiencia y raciocinio tengan una influencia en nuestras decisiones. Más adelante, reconocemos que algunas conductas y creencias sólo fueron adoptadas por su atractivo superficial, y entonces podemos adoptar elecciones más informadas.

Ejemplo: «Lo siento, tengo que hacer de canguro»

El jefe de un cliente tendía a gritar órdenes a las personas. Nuestro cliente decidió que si quería obtener una promoción, entonces esa era la manera de comportarse en la oficina. Pero esta nueva conducta de gritos le acercó más al despido que al ascenso.

Lo que no había percibido era que el jefe tenía una estrategia basada en dos partes. La primera consistía en chillar. La segunda era pedir perdón en privado a la persona a la que había gritado, y luego comentar los temas tranquilamente frente a una comida o una copa.

Todos, excepto nuestro cliente, conocían la segunda parte, y habían optado por soportar la conducta del jefe, ya que conseguían comidas gratis en restaurantes agradables. Pero nadie se lo había contado a nuestro cliente quien, como acababa de tener un hijo, había declinado las invitaciones de la segunda parte.

No creemos que los gritos sean un medio efectivo ni de comunicarse ni de motivar, pero nuestro cliente había imitado solamente un comportamiento de los del conjunto de su superior, y fue el menos adecuado que podría haber elegido.

Cambiar conductas habituales

Es probable que no sepamos que algunas de nuestras «conductas límite» existen. Puede ser que no denotemos las influencias que no nos ayudan, o que seamos incapaces de hacer algo con ellas cuando ya las hemos percibido. Seguimos haciendo cosas que no nos llevan a ninguna parte. Estos son nuestros hábitos y modelos. Estos «patrones» de conducta pueden tratarse muy fácilmente, a través de la técnica ABC, como si se tratara de situaciones individuales.

Tanto nuestra herencia genética como educativa pueden mejorar nuestras vidas. Ninguna de las dos tiene que ser una trampa. La mayor parte de nuestras características heredadas genéticamente y de nuestro yo educado, pueden cambiar si lo elegimos y sabemos cómo hacerlo. Disponemos de opciones.

> **Ejemplo: «No es culpa mía»**
>
> Se ha dado mucha importancia a la programación genética de los machos para que se emparejen con muchas hembras y tengan muchos hijos. Algunos machos lo usan como una excusa para la promiscuidad. Otros toman sus propias decisiones y optan por la monogamia.

> **Ejemplo: «Pero creía que quería decir...»**
>
> Nos contaron que una madre regañaba a sus hijos gemelos diciéndoles que, si no se portaban bien, terminarían en un hospital psiquiátrico, y ambos lo hicieron: uno como paciente y otro como psiquiatra. De nuevo, podemos elegir lo que estamos dispuestos a aceptar.

Lo que no se puede hacer y lo que se debería hacer

En algunas ocasiones, no obstante, parece que no tengamos «ninguna» opción cuando las creencias que heredamos se anuncian con palabras como:

- deberías,
- no deberías,
- no puedes,
- tienes que,
- debes,
- no debes,
- tendrías que,
- no tendrías que.

Se dividen en dos categorías: las útiles y las que han dejado de serlo.

Creencias útiles

Estas pueden ser muy beneficiosas y surgen sin ningún sentimiento de duda. «No deberías poner la mano en el fuego» es una creencia que muchos de nosotros hemos heredado y aceptado sin tener que validarla colocando la mano en el fuego. Incluso cuando crecemos y pasamos la etapa de la experimentación y validación tocando una llama, podemos apreciar la utilidad de la creencia que nuestros padres nos han transmitido y la retenemos.

Ejemplos: «Útil»

No deberíamos poner la mano en el fuego, si queremos evitar quemarnos.
Debería marcharme ahora, si quiero llegar a la reunión a tiempo.

Creencias que han dejado de ser útiles

Estas pueden ser muy debilitantes. Pueden provocar el síndrome de desmoronamiento. Nos hundimos, nos decae el alma, nos sentimos tristes, sólo de pensar en estos «deberes». Y es posible que sigamos bien asidos a estas creencias, como si fueran ciertas.

Puede ser que nunca hayamos pensado en validarlas y elegir por nosotros mismos. Estos son pensamientos límite que pueden identificarse a través de sentimientos e ideas como:

- vacilaciones persistentes,
- dilemas,
- obligaciones,
- dudas entre dos cosas.

Se forman porque escuchamos a otras personas, que aparentemente nos educan, que nos dan un buen consejo: «Yo no lo haría si estuviera en tu lugar» o «Siempre deberías hacer X, cuando pase Y». Es probable que este consejo haya sido bien intencionado y adecuado en un momento, pero de algún modo ha sido interiorizado como «"Yo" no debería hacer», o «"Yo" siempre debería hacer X, cuando pase Y».

A pesar de que esta información externa se nos ofreció como un «consejo» en una ocasión concreta, la hemos adoptado como una «instrucción» que hay que acatar siempre. Está despersonalizando alguna de nuestras conductas.

Es posible que, en algunas ocasiones, hayamos confundido las creencias útiles con las que han dejado de serlo.

Caso de estudio: «Mensajes mezclados»

Una persona con la que trabajamos, de joven fue secuestrada. Cuando le preguntamos por qué se había ido voluntariamente con ese extraño, nos contó que le habían dicho que no debía discutir con los adultos. Es evidente que esta fue una creencia que cumplió, que hubiera sido mejor que cambiara en esa situación concreta.

> **CONSEJO**
>
> *¿Útil o inútil?*
>
> En una sesión de *coaching* con un cliente, escuche estos deberes y obligaciones que han dejado de ser útiles. Busque el desmoronamiento. Y si nota que esas palabras son una indicación de una creencia límite, algo que está impidiendo o frenando el camino del cliente para lograr lo que desea, plantee una pregunta útil que se lo haga examinar desde una perspectiva nueva; por ejemplo:
>
> - ¿Quién lo dice?
> - ¿Qué hace que esta creencia sea cierta?
> - ¿Quién dijo que esa creencia era cierta?
> - Cuando dice que no debe, ¿qué sucedería si lo hiciera?
> - Cuando afirma que tiene que hacerlo, ¿qué ocurriría si no lo hiciera?

Perspectiva del mundo

Nuestra propia percepción es nuestra propia realidad. No tenemos ninguna forma de saber que el color que vemos como verde es el mismo color que ven los demás. Es posible que lo llamen verde y que lo reconozcan en los mismos sitios que nosotros, pero no sabemos que su concepción de verde sea idéntica a la nuestra. El daltonismo suele reconocerse mucho después de la infancia, cuando una prueba sobre los colores es obligatoria para solicitar un empleo. Es posible que alguien haya vivido durante años con un conocimiento y una realidad sobre los colores, distintos a los que tienen quienes no padecen daltonismo.

Captamos información a través de los cinco sentidos para dar forma a nuestra realidad. Si no fuera por estos sentidos, no tendríamos ninguna concienciación. Sin embargo, estos sentidos están bombardeados constantemente con información. Existe tanta información a nuestro alrededor que es imposible que podamos comprenderla o reconocerla toda.

Perciba la sensación del suelo debajo de los pies, o cualquier ruido de fondo existente donde se encuentra ahora. Probablemente, no era consciente del sentimiento del suelo o del ruido hasta que no le hemos pedido que los notara. Había filtrado información que no era pertinente para lo que estaba haciendo en este momento concreto. Puede que sólo haya sido consciente de sonidos si éstos han interrumpido su capacidad de lectura.

A pesar de que todos tenemos cinco sentidos, no todos filtramos a través de ellos al mismo nivel, a no ser que hayamos perdido el uso de alguno por enfermedad o accidente. Algunos «prestan oídos» a los sonidos y, por tanto, los admiten más. Otros «contemplan» más el sentido de la vista. Otros sienten que tienen que ponerse «manos a la obra». Otros prefieren «husmear» más entre olores, mientras que otros quieren «quedarse con el regusto» de una situación. La forma cómo usamos los sentidos como filtros, crea nuestra percepción única de lo que está ocurriendo y de lo que es real.

De un modo similar, las creencias que hemos heredado, las que constituyen nuestra experiencia, lo que nos enseñaron que era verdad sobre el mundo y lo que era importante; todos actúan como filtros a través de los cuales permitimos que la información forme nuestra realidad personal. A alguien que le hayan enseñado que luchar por lograr algo en la vida es inútil, no reconocerá oportunidades del mismo modo que otra persona que crea que alcanzar cosas es positivo. Alguien que haya oído muchas veces «eres estúpido», e interiorice «soy estúpido», filtrará y notará los hechos que confirmen este punto de vista.

Desde muchos puntos de vista, estos filtros crean profecías autosatisfactorias. Si cree que los pelirrojos son deshonestos, encontrará pelirrojos que sean deshonestos y tendrá menos conciencia de los pelirrojos que se comportan honestamente. Piense en alguna época en que haya tenido un coche nuevo o una prenda de ropa nueva. De repente, se da cuenta de que ese tipo de coche o de ropa está por todas partes. Esto es debido a que sus filtros han cambiado y su antena sintoniza la frecuencia de ese coche o esa ropa.

Durante las sesiones de *coaching*, recuerde que la visión del mundo de los clientes es diferente a la suya. Cíñase a las prioridades y punto de vista de los clientes. No suponga que lo que usted quiere es lo que los clientes deberían querer. Nunca se muestre crítico con un punto de vista, con lo que sea importante para un cliente, con lo que éste crea que es cierto. Lo que los clientes piensen que es cierto, lo es, para ellos.

Caso de estudio: «El joven Mike»

Mike trabajó en una zapatería durante varias semanas, después de dejar el instituto y antes de entrar en la universidad. El encargado, el señor Nicholls, era un ser humano singular –un manager eficaz, un buen vendedor, agradable, y un comunicador excelente–. Un día, el señor Nicholls le anunció: «Creo que hoy vamos a tener un buen día». Mike no estuvo de acuerdo. El señor Nicholls respondió: «Lo siento, Mike, pero no puedes estar en desacuerdo conmigo». «Ah, bueno, lo siento, señor Nicholls» –se ruborizó Mike. «¿No me vas a preguntar "por qué"?» «Lo siento, señor Nicholls, ¿por qué?» –preguntó Mike. «Porque he empezado mi frase con "Creo". Si alguien nos dice "Creo" (o pienso, o quiero, o necesito, o siento), entonces, ¿quiénes somos nosotros para decirle que no lo creemos (pensamos, o queremos, o necesitamos, o sentimos)? Es evidente que podemos creer (o pensar, o querer, o necesitar, o sentir) algo distinto; esto nos llevará a una conversación. ¿Pero cómo podemos discutir sobre algo que es real para otra persona?».

Caso de estudio: «Los dos tienen razón»

Uno de nuestros clientes estaba convencido de que alguien le estaba quitando cosas de su escritorio cerrado. Había cambiado la cerradura y nadie más tenía llave. Se sentía especialmente frustrado porque eran cosas «triviales», como clips o celo. Conocía el «efecto salami» –uno mismo, cada vez corta el salami en rodajas más finas y, luego, de repente, se da cuenta que queda menos salami del que había– y negaba que esto estuviera sucediendo con sus cosas. Y luego nos planteó la pregunta que estábamos esperando «¿Verdad que me creen?». Le respondimos que, por un lado, estábamos convencidos de que no se lo estaba inventando y creíamos fervientemente que era cierto. Y, por otro, estábamos totalmente persuadidos de que nadie más tenía la llave para abrir el escritorio. (Un dilema clásico, véase pág. 114.) Y, después, añadimos un tercer elemento a la mezcla, para responder la pregunta: «Y estamos seguros de que no sabemos cómo reconciliar estas dos verdades. Y esto también está bien». Estábamos marcando el ritmo (pág. 124) de su visión del mundo, así como también de la nuestra. No intentamos entrar en una discusión sobre qué opinión era la «correcta».

Niveles neurológicos

Este es un modelo desarrollado por Robert Dilts a partir de la obra de Gregory Bateson. Es notable por su simplicidad y puede ser aplicado de muchas formas, como, por ejemplo, cómo un manager podría llegar a ofrecer valoraciones o críticas sin que se dieran o tomaran como personales. Lo analizaremos y luego veremos cómo está relacionado con el hecho de que el ejercicio de *coaching* sea más sencillo.

«**Yo no puedo hacerlo aquí**» es una frase de cinco palabras que puede transmitir cinco sentidos distintos, y el significado cambiará a medida que desplace el énfasis de una palabra a otra. «**Yo** no puedo hacerlo aquí» tiene un significado diferente a «Yo no puedo hacerlo **aquí**.» Ambas frases son distintas a «Yo no puedo hacer**lo** aquí.» Además del énfasis verbal que podemos oír en otras personas o en nosotros mismos, se dan sentimientos de acompañamiento distintos en el cuerpo, en la neurología, en cada uno de estos niveles, que nos ayudarán a identificar lo que está sucediendo «realmente» en nuestro interior.

Vamos a fijarnos en los significados transmitidos por los distintos énfasis.

Entorno

«Yo no puedo hacerlo **aquí**» indica que hay algo en el «entorno» en el que nos encontramos que impide que la acción tenga lugar. En la calle, o en otra ciudad, o en un momento diferente, o delante de otra persona estaría bien, pero aquí, sin ninguna duda, no. (No tienen por qué existir sentimientos desagradables en este nivel, porque puede haber muchas opciones más de lugares donde puedo hacerlo.)

Conductas

«Yo no puedo hacer**lo** aquí» es una afirmación sobre una conducta concreta. Puedo hacer «otras cosas», pero no «esto concreto».

Habilidades, conocimientos

«Yo no puedo **hacerlo** aquí» expresa una habilidad o capacidad particular que no se posee. También podría llegar a indicar un conocimiento o una información que no se tiene. Si quiere esta explicación en japonés, lo siento, pero no podemos «darla». Pero no nos sentimos estúpidos ni nada negativo, porque simplemente no poseemos esa habilidad, y –si fuera suficientemente importante–, podríamos obtenerla.

> **CONSEJO**
>
> *Soy lo que no puedo hacer*
>
> Si los clientes acusan una sensación negativa sobre este nivel de habilidades y conocimientos, podría ser perfectamente a causa de que tienen una «obligación» que-ha-dejado-de-ser-útil en el trabajo. Puede probar con una pregunta como: «¿Quién dice que "debería" ser capaz de "hacer" todo o "saber" todo?».

Valores, creencias

«Yo **no puedo** hacerlo aquí» es una declaración sobre lo que cree que es cierto, o lo que es compatible con sus valores (inscritos en los genes, de hombros hacia abajo) y creencias (transmitidos, de hombros hacia arriba y modificables). Este nivel define lo que es «importante» para usted y lo que cree que es cierto en su realidad.

Cuando uno se siente fuerte en este nivel, se suele poder apreciar que las palmas de la mano apartan al mundo, previniendo que le hiera, ya que puede sentirse no sólo como una obligación –véase página 114–, sino también como una obligación peligrosa. Suele haber un sentimiento de pánico sobre este nivel; ¿qué sucedería si «tuviera que» hacerlo aquí?

Identidad

«**Yo** no puedo hacerlo aquí» es una afirmación sobre usted como persona, su identidad, su propia imagen. Esto va en contra de mi idea sobre quién «soy». No soy «yo». «Yo» no puedo hacerlo, pero «otra persona» podría.

Este es el nivel del amor y el del dolor. La mayoría de personas se señalan hacia la parte central del pecho donde notan realmente esto. Y cuando se siente, en algún punto del espectro desde «Te quiero» hasta «Te odio», suele haber una inmovilidad –nos quedamos inmovilizados– y podemos encontrarnos perdidos con este sentimiento.

Un sentimiento agradable es maravilloso. Un sentimiento de dolor no lo es. Podría estar introduciéndose en arenas movedizas al marcar el ritmo del dolor de alguien al mismo nivel de identidad, por ejemplo: «Dicen que es estúpido. ¿Lo "es"?».

> **CONSEJO**
>
> *Nivelarse*
>
> Por consiguiente, una estrategia que permita que alguien vuelva a avanzar bajo su propia corriente es cambiar su nivel neurológico del problema. Entonces, pueden «sentirse mejor» en su neurología, y empezar a funcionar de nuevo.
>
> *Ejemplos*
>
> - Creencias: «Así que "ellos" dicen que es estúpido. ¿Y usted lo cree?»
> - Habilidades: «Me pregunto qué habilidades o conocimientos no perciben, que les llevan a afirmar esto.»
> - Conductas: «¿Qué hizo o dijo que les diera esa impresión, y qué podría hacer o afirmar, en cambio, para corregir esa impresión?»
> - Entorno: «Dice que se siente menospreciado a causa de las críticas delante de todas esas personas. Y ¿cómo haría frente a esta situación en otras ocasiones? ¿O si le volviera a suceder con personas distintas? ¿O la próxima vez que se encuentre con estas mismas personas –juntas o individualmente–?»

CONSEJO

Manténgase a un nivel lógico

En algunas ocasiones, existe una mezcla entre la idea que una persona tiene sobre quién «es» y qué «hace»:

- «Soy-ma-na-ger», dicho de una forma práctica, es un hecho que refleja sus destrezas, conocimientos, conductas.
- «Soy MA-na-ger», anunciado sacando pecho de forma orgullosa, es una declaración clara de cómo esa persona se ve «a sí misma». Ha fusionado su identidad con el estatus que percibe de ella misma. Aunque no es una buena idea desengañar a alguien sin aportar nada que le apoye, puede lanzar una frase ocasional como: «Está claro, y como "usted es" manager, es probable que quiera ser visto por "hacer"...», de modo que se centre en conductas prácticas.

A propósito, sospechamos que este tipo de personas que «no saben qué hacer con ellas mismas», o que «se vienen abajo» después de la jubilación, o que «son despedidas», es más probable que hayan visto qué hacen, a la vez que quién «son» o, ahora, «eran». Si han dejado de hacer lo que hacían, podrían sentir que han dejado de ser quiénes eran. Esta sección les podría parecer un salvavidas, literalmente.

¿Cómo contribuye este modelo a que el proyecto de *coaching* sea más sencillo? Si comprende a qué nivel tiene que ocurrir el cambio, entonces este será el nivel en el que le pedirá a los clientes que se concentren. La técnica ABC incorpora niveles neurológicos extensamente, y obtendrá un entendimiento mucho mayor a medida que los experimente desde el papel de *coach*.

Caso de estudio: «Puede contar conmigo»

Robin estaba trabajando con un grupo de personas que habían sido directivos bancarios. Muchos habían pasado toda su vida laboral en el sector bancario. Se habían incorporado al banco después de la universidad, esperando un trabajo para toda la vida.

A medida que los bancos cerraban y los empleos desaparecían, estos ejecutivos bancarios fueron reciclados hacia la venta de seguros, pensiones y otros servicios financieros. Recibieron la misma formación, exactamente, que los comerciales prósperos de la empresa y fracasaron. Reconociendo este fracaso, el banco volvió a formarles exactamente en las mismas habilidades. Prosiguieron más fracasos.

Cuando nos llamaron, nos reunimos con estos ex directivos de banco para ofrecerles sesiones de *coaching*. Durante nuestras conversaciones, se hizo evidente que habían recibido apoyo para convertirse en comerciales sólo a un nivel, el nivel erróneo, y el nivel en el que realmente necesitaban ayuda se había ignorado. Más concretamente, habían sido formados al nivel de creencias y valores, a pesar de que el factor límite de su rendimiento estaba en el nivel de creencias y valores, e identidad. ¿Cómo nos dimos cuenta de ello? Porque dijeron «vender a otras personas es deshonesto. Si la gente quiere cosas, las comprarán. Para mí, es importante ayudar a los demás, no venderles cosas. Soy un pilar de la sociedad, no un vendedor. Vender es quitarles algo a las personas».

No importa toda la formación en habilidades o conocimientos que se hubiera ofrecido, porque no se habrían anulado las limitaciones del rendimiento creado por sus creencias límite, valores y sentido de identidad.

¿Cómo nos enfrentamos a esta situación? Al usar la técnica ABC, pudimos apoyarles mientras reconsideraban sus creencias, valores y sentido de identidad. Muchos descubrieron que la idea de que la venta era deshonesta, en realidad no era cierta. Ellos mismos habían comprado muchas cosas de las que se sentían satisfechos de que se las hubieran vendido. Vender, de hecho, no era deshonesto si lo que se estaba vendiendo tenía un uso genuino y un valor para el cliente.

No todos estos ejecutivos bancarios realizaron los cambios necesarios que les hubieran permitido vender los productos que estaban obligados a vender. Algunos descubrieron que sus creencias y valores no eran compatibles con lo que se les estaba pidiendo; después de todo, se sentían más atraídos por la banca que por las ventas, en primer lugar. Sin embargo, podrían encontrar una nueva dirección sin sentimientos de «ser» un fracaso y con una mayor comprensión de ellos mismos.

Fue un alivio que «ellos» (nivel de identidad) no fueran unos «fracasados», sino que, simplemente, tuvieran otros valores y creencias, y habilidades, y conocimientos y conductas.

A todos se nos contrata por qué (comportamiento) hacemos, dónde y con quién (entorno) lo hacemos, cómo lo hacemos (destrezas, conocimientos) y por qué lo hacemos (valores, creencias), no por quién somos (identidad). Y aunque podamos aceptar elogios en este nivel («Es usted eficiente»), está claro que no debemos aceptar críticas en este nivel, y ahora ya sabemos cómo no dejar que ocurra.

Dimensión del cambio

Después de haber analizado los niveles neurológicos, podría parecer que los cambios al nivel de las creencias, valores o identidad son bastante amedrentadores. Como *coach*, ¿cómo trataría a alguien cuyo bloqueo o limitación esté creado por sus creencias? ¿Esto requiere volver la vista atrás e invertir las creencias que destilaron en su pensamiento durante su infancia? Es evidente que, en algunas ocasiones, las personas necesitan evocar años pasados y reevaluar las decisiones que tomaron o ideas que se les impusieron, pero este es más bien el terreno del terapeuta.

No obstante, con la técnica ABC puede activar fácilmente estos cambios dentro de la esfera del proyecto de *coaching*. Para ilustrar cómo lograrlo, vamos a considerar un par de metáforas.

> **Ejemplo: «La broma de Tommy Cooper»**
>
> «Fui a ver al médico, levanté el brazo y le dije: "Doctor, cada vez que hago esto me duele". El médico me respondió: "Pues deje de hacerlo".»

A menudo, todo lo que uno necesita es que le den permiso para darse permiso a «sí mismo» para dejar de hacer algo. La conducta en la que basarse para avanzar, o que se quiere cambiar, podría llegar a ser muy familiar para uno mismo; podría ser que siempre lo hubiera hecho de ese modo. Podría ser un comportamiento copiado de un padre, que los clientes presuponen que todo el mundo hace. Es posible que nunca se hayan planteado «no» hacerlo, y el simple acto de obtener un permiso puede comportar una diferencia enorme.

> **Ejemplo: «Unos milímetros»**
>
> Imagine que es un marinero que parte de Nueva York hacia Europa; un giro relativamente pequeño en la dirección del timón bastaría para cambiar el rumbo y llegar a África en vez de a Europa. Una variación de unos milímetros podría hacerle llegar a un continente distinto. El proceso de *coaching* puede parecerse mucho a esto: si ha apoyado un pequeño cambio para que el destino del cliente sea otro continente del que tendría que haber sido, usted no le habrá ayudado a ajustar el timón por unos milímetros.

> **CONSEJO**
>
> *Un paso hacia la dirección correcta*
>
> No tiene que esperar que los clientes hayan alcanzado su destino al final de la sesión de *coaching*. Asegúrese, simplemente, de que después del paso B tengan un nuevo destino no sólo en mente, sino también en cuerpo (es decir, que pueda comprobar que no sólo articulan las palabras, sino que realmente las están sopesando).

> **CONSEJO**
>
> *Mensajes contradictorios*
>
> Si está recibiendo mensajes contradictorios de un cliente porque, por ejemplo, sus palabras dicen una cosa y el cuerpo indica otra distinta, coméntelo para que el cliente lo advierta (quizá en el mismo momento, o quizá más adelante, sí se sentirá mejor). «He notado que, por un lado, "dijo" X, pero su cuerpo parecía estar queriendo decir algo "diferente". ¿Puede ayudarme a entenderlo? ¿Puede ayudarme a reconciliar estos dos mensajes?»

> **CONSEJO**
>
> *Se necesita más trabajo*
>
> «Ayúdeme a entender...», es una forma cuidadosa de no culpar al emisor de una comunicación, sino de responsabilizarse por no haberla entendido.

Cuando esté realizando una sesión de *coaching*, acepte todos los cambios que le presente el proceso, ya que las prioridades son las de los clientes. Nunca se autoevalúe o valore su competencia como *coach* a partir de la dimensión del cambio que aparentemente ha tenido lugar. Quizá pueda entender su papel como el de ayudar a alguien a tomar un camino distinto, o simplemente, a que deje de encaminarse hacia una dirección indeseada que no le llevará adónde espera.

Caso de estudio: «Si está haciendo algo que le duele, deje de hacerlo»

Una amiga se licenció como maestra y obtuvo un buen trabajo en una escuela magnífica en la que enseñaba a niños maravillosos. Pero se dio cuenta de que ese no era el motivo por el que se había dedicado a la enseñanza. Por eso, se cambió a una escuela «difícil» con niños «difíciles», personal «difícil», y estuvo viviendo en una casa muy «difícil». No tenía ningún punto a su favor en esa situación, y le resultó bastante difícil.

Un día se le apagó la estufa de butano y no tenía cerillas. Llamó a la habitación del otro lado del corredor para pedirlas prestadas. Cuando iba a encender la estufa, percibió que había una frase grabada en la cajetilla, y después se sentó muy decidida para redactar un borrador de su carta de dimisión. La frase de la caja de cerillas le dio permiso para hacer lo que necesitaba. Era: «¿Qué sentido tiene correr, si va por la carretera equivocada?».

La fuerza de separar los tiempos verbales

Es posible que haya notado durante el paso A de la técnica ABC que todas las cuestiones estaban planteadas en pasado, por ejemplo: «¿Cómo se estaba sintiendo?», en lugar de «¿Cómo se siente sobre eso?». Esto era muy deliberado. Con independencia de que esté basándose en una virtud para avanzar a través del ejercicio de *coaching* o cambiando una conducta indeseada o límite, le está permitiendo a alguien progresar desde donde se encuentra en este momento hasta dónde quiere llegar.

Si hiciera preguntas sobre la situación en presente, estaría atrincherando a los clientes donde se encuentran ahora. Es casi como si hubiera un agujero y les estuviera ayudando a revestirse de hormigón dentro de él.

Si usa el pasado, se presupone que el movimiento de los clientes hacia su destino ya ha empezado. Crea la sensación de avance. Podría ser capaz de decir, por el movimiento de los ojos de los clientes, si cuando les formula preguntas en pasado retroceden mentalmente en el tiempo y en los recuerdos para acceder a las respuestas. Si miran hacia un lugar diferente cuando hablan sobre el pasado. Esto les permite tener un lugar distinto en el que pensar respecto a su futuro. Los dos lugares ahora pueden estar separados, en vez de totalmente mezclados.

Si les ayuda a usar el pasado para hechos pasados, les estará ofreciendo la sensación de que están empezando a salir del agujero, o de que, al menos, podrían decidirse por hacerlo.

CONSEJO

Volver al pasado

Si escucha una frase del tipo «Odio que haga esto», la estructura muestra que están poniendo «fracasos» del pasado en presente. Podría ayudarles a avanzar preguntando: «Entonces, si lo odiaba (en pasado), ¿qué preferiría que hiciera la próxima vez (futuro)?». Esto ofrecerá una adecuación histórica y contribuirá a que los clientes progresen.

Ejemplo: «Esperar lo peor otra vez»

«Usted ha comentado: "No tiene sentido presentar esta propuesta porque siempre la rechazará". Aunque siempre la "haya" rechazado, hasta este momento, y no lo estoy negando, ¿cómo "podríamos" hacerla de otro modo?» (Es probable que quiera levantar la vista y gesticular hacia el techo, para ayudar a la persona a ver algunas posibilidades "bajo un cielo azul".)

CONSEJO

Adaptar el tiempo verbal

Recuerde que:

- El pasado es lo que ya ha ocurrido, y aunque no podamos cambiarlo, podemos cambiar cómo nos lo tomamos, si es que decidimos enfrentarnos a ello.
- El futuro es lo que no ha sucedido todavía.
- El presente es el hueco que existe en medio.

Y lo importante es que «son diferentes». Entonces, ¿por qué arrastrar sentimientos negativos de hechos pasados? Pueden provocar que nos desmoronemos, sobre todo si nos referimos a ellos en presente o futuro; por ejemplo, «Cada vez que voy a verle, me hace sentir muy estúpido» puede entenderse de un modo muy distinto si lo ponemos en su sitio. «Cada vez que iba a verle, solía hacerme sentir tan estúpido...» sitúa el recuerdo realmente como un recuerdo, y luego permite que nuestra imaginación empiece a crear opciones diferentes para futuros escenarios.

Naturalmente, si algo parecía «bueno» en el pasado, ignore lo anterior y mantenga el sentimiento bueno; por ejemplo, «Me gusta pensar en el tiempo en que...» no hace ningún daño. Es abrir viejas heridas lo que no es positivo.

Dirección de la motivación

Existen dos direcciones hacia las que las personas se sienten motivadas para actuar. La primera es cuando quieren lograr algo positivo. Esto se denomina una motivación «de acercamiento». La otra es cuando quieren evitar algo negativo. Esto se denomina una motivación de «alejamiento». Puede ser que usted se esfuerce, o bien, para conseguir un aumento de sueldo (acercamiento), o bien, para evitar un despido (alejamiento). Podría llegar a mejorar el rendimiento para recibir elogios o para evitar críticas. Ambas estrategias funcionan. Ambas se manifiestan en estilos de gestión y de *coaching*. La mayoría de personas están motivadas por ambas direcciones, según la situación.

Pero hay algunos modos por defecto, que puede ser que presenten las personas:

- Algunas tienen unos gustos y unas aversiones muy fuertes (un «alejamiento» fuerte y un «acercamiento» fuerte). Usted sabe en qué punto se encuentra con estas personas, a pesar de que podrían llegar a cambiar de idea drásticamente en cualquier momento.

- Otras personas tienen muy pocos gustos o aversiones (un «alejamiento» débil y un «acercamiento» débil). Puede parecer muy difícil obtener una respuesta de estas personas, como extraer sangre de una piedra, pero es, simplemente, porque no se sienten seguras de la mayoría de cosas.

- Otras parecen estar movidas sólo por lo que les gusta («alejamiento» débil y «acercamiento» fuerte), y no ven ni obstáculos ni problemas. Se lanzan, sin considerar ni los errores ni las implicaciones.

- Otras parecen notar sólo lo que no les gusta («alejamiento» fuerte y «acercamiento» débil) y pueden ser vistas como muy negativas o desmotivadoras en su «acercamiento» a otras personas.

Tareas y ocupaciones concretas encajan de un modo distinto con los estilos motivadores.

Ejemplo: «Soy seguro, vuele conmigo»

Siempre preferiríamos volar en un avión revisado por ingenieros con estrategias de «alejamiento». No queremos que mejoren lo que ya está bien del motor, queremos que se den cuenta y arreglen lo que está mal.

Los estilos motivadores actúan como filtros; influencian nuestra percepción de la realidad. Las personas que se decantan por el «acercamiento», es más probable que vean lo que está bien, mientras que las que se decantan por el «alejamiento», notan lo que no está bien o lo que no funciona.

Ejemplo: «Sí, no es perfecta»

Si una pareja visita una posible casa, el miembro de la pareja que se decanta por el «acercamiento» verá su potencial, y el que se decanta por el «alejamiento» verá el trabajo que debe afrontarse.

Los ejemplos de este libro tienen una tendencia de «alejamiento». Asimismo, permítanos enfatizar que el proceso de *coaching* no es sólo una herramienta remediadora; se basa en las virtudes y los puntos positivos y en lo que está saliendo bien. Un decatleta que tiene que actuar en diez disciplinas atléticas distintas para ganar una medalla, debe, para optimizar sus posibilidades de ganar, basarse tanto en los puntos fuertes como en las flaquezas.

Por este motivo, el pensamiento positivo –situarse de pie delante del espejo por la mañana y decirse a uno mismo lo que va a lograr ese día– funciona bien para las personas que optan por el «acercamiento». El pensamiento positivo proporciona unos objetivos claros, positivos, en los que centrarse. Es el incentivo para su rendimiento.

La técnica ABC: el pensamiento que se encuentra detrás 89

Pero para las personas que se caracterizan por el «alejamiento», el pensamiento positivo puede tener el efecto inverso. Si intentan forzar dicho pensamiento positivo, éste puede verse contrarrestado por sus voces internas de «alejamiento».

> **Ejemplo: «Sé lo que no me gusta»**
>
> «No *sé* lo que quiero, sólo lo que "no" quiero; no me presione y nada saldrá mal, gracias.»

Del mismo modo que las personas, muchas culturas (por ejemplo, países, empresas, equipos, familias) tienen una u otra de estas estrategias motivadoras que pasa de generación en generación como parte de sus sistemas de valores y creencias.

> **Ejemplo: «*Vive la différence*»**
>
> Los Estados Unidos tienen una cultura basada en los logros, que se encamina hacia objetivos y sueños. El éxito en sus muchas formas se recompensa generosamente. Desde el punto de vista de los niveles de riqueza, poder y vida, esto ha salido obviamente bien. Fue un país de pioneros; personas que «se organizaron y se marcharon», o que simplemente tuvieron que organizarse y marcharse. Se organizaron y vinieron y fueron pioneros, y este espíritu sigue vivo en la actualidad.
>
> Muchos norteamericanos motivados por el «acercamiento» encontraron el pensamiento de «alejamiento» de los europeos irritante y «negativo». Los franceses, por ejemplo, son excelentes para percibir qué podría hacer que un proyecto dejara de funcionar. Pero expresar estas observaciones de «alejamiento», como, por ejemplo, «¿No se da cuenta de que no va a funcionar a menos que preste atención a X?», suele conseguir que no sean bien vistos en una cultura de «acercamiento».
>
> Y como muchos estilos de definición de objetivos y de *coaching* se originaron en EE.UU., tienen un énfasis en los objetivos y metas y propósitos *positivos*. Esto funciona bien para las personas que se decantan por el «acercamiento», a quienes les resulta más sencillo saber lo que quieren. Pero este énfasis en los objetivos «positivos» puede distanciar a los que se sientan mejor sabiendo lo que «no» quieren. La técnica ABC está diseñada, por tanto, para aglutinar ambas estrategias motivadoras.

> **CONSEJO**
>
> *No sea cabezota*
>
> ¿Cómo puede marcar el ritmo de la idea emocionada de «acercamiento» de una persona cuando todo lo que usted puede ver son los errores? «¿Pero es que no se da cuenta de todos los errores?», es posible que «no» sea la mejor táctica.
>
> Quizá, lo primero, sea marcar el ritmo de esta emoción. Y después señalar los errores de una forma positiva para la otra persona: «Esta es una buena idea, ¿qué más ve? Cuénteme más. ¿Qué más podría contemplar como resultado de ello? ¿Qué funciones observa para otras personas?». (Observe todas las palabras referentes a la vista; las personas que se decantan por el «acercamiento» suelen tener una gran imagen, clara y atractiva en la mente, hacia la que se están dirigiendo. Aunque podría venirles como un flash, usted necesita esos centenares de palabras para describirla y para ayudarles a contarle lo que tienen «en mente».)
>
> Después, podría recordarles lo emocionado que está también usted sobre la idea, y cómo ha pensado en unas cuantas cosas más que puede aplicar para asegurarse de que la visión ocurre de verdad. «Tenemos que estar seguros de conseguir que X se aplique antes de empezar; y que Y se haya terminado, y que Z esté de acuerdo; y suponiendo que nos hagamos cargo de todo, entonces, podremos continuar.» (NO «¡Ah!, pero no hemos aplicado X, Y nunca se terminará, y Z no estará de acuerdo ni en un millón de años».)

Podemos obtener la misma información usando cualquiera de los estilos, pero note lo diferentes que son el lenguaje y la energía.

> **CONSEJO**
>
> *Acentuar lo negativo*
>
> ¿Cómo una persona que se caracteriza por el «acercamiento» no pierde la paciencia con una que se decanta por el «alejamiento»? ¿Diciendo «No me importan sus pensamientos negativos que nos están desanimando a todos»? Seguramente, no. Sería mejor: «Mmm, es interesante. ¿En qué otros errores puede pensar que necesitemos evitar? ¿Algún otro? Así pues, si nos aseguramos de que ninguno de estos se entromete en el camino, ¿verdad que no existe ninguna razón por la que no debiera funcionar?».

CONSEJO

No espere el oro y el moro

No espere que una persona que se decanta por el «alejamiento» se emocione con mucha energía. «Bien», «Estupendo», etc. no forman parte de su vocabulario. «Supongo que no existe motivo alguno por el que no vaya a funcionar», o «No me opongo», es lo máximo que obtendrá. Y, además, nos va a tranquilizar haciéndonos saber, a su propia manera, que ha realizado una revisión rigurosa de los problemas en beneficio nuestro.

CONSEJO

Me da completamente igual

Si una persona no se decanta mucho por el «acercamiento» ni por el «alejamiento», tenga presente que es muy probable que un «me da igual» verdadero se haga presente, a menos que usted tenga primero una idea para que la otra persona opte por el «alejamiento».

Ejemplo

«¿Qué te gustaría comer?»
«Me da igual.»
«Vale. Entonces, ¿pizza?»
«Bueno, pizza quizá no, no dos veces por semana.»
«Está bien. ¿Comida china?»
«No estoy seguro de que me guste.»
«Entonces, ¿qué es lo que QUIERES?»
«Me da igual.»
Etcétera. Y, realmente, a estas personas les da igual y no intentan ser raras. Por tanto, quizá podría empezar preguntándoles qué es lo que «no» les apetece. Esto suele comportarles menos problemas en sus consideraciones.

> **CONSEJO**
>
> *Ambas posturas son buenas*
>
> Es magnífico tener un equipo en el que estén presentes ambos estilos y también es estupendo preguntarnos «¿qué estilo motivador encajará mejor con esta tarea?», y adoptar ese papel.

Ejemplos

- ¿Ideas en una lluvia de ideas? Acercamiento.
- ¿Revisar las cifras del presupuesto? Alejamiento.
- ¿Decidir el destino de las vacaciones del año próximo? Acercamiento.
- ¿Planear cómo podemos permitírnoslas? Alejamiento.
- ¿Escribir el plan de un proyecto? Acercamiento (creación), más alejamiento (corregirlo), más acercamiento (hacerlo), más alejamiento (revisarlo).

(El patrón del metaprograma «acercamiento»/ «alejamiento» fue identificado en la década de 1970 por Richard Bandler, Leslie Cameron-Bandler, Robert Dilts y Maribeth Meyers-Anderson. Así como, también, los metaprogramas de la dimensión de las partes y externo-interno que aparecerán más adelante en este capítulo.)

Planificar con antelación

Es útil prepararse para avanzar, ser capaz de hacer planes con antelación. Pero a algunas personas les resulta muy difícil: las que están motivadas por el «alejamiento»; para las que es complicado visualizar lo que quieren; las que tienen unos deseos tan ambiciosos que parecen demasiado grandes como para lograrlos; las que tienen unos deseos tan modestos que no se sienten motivadas por avanzar hacia ellos.

Si usted es una persona que se decanta mucho por el «acercamiento» y visualiza imágenes muy convincentes, le podría parecer duro marcarles el ritmo a estas personas.

> **CONSEJO**
>
> *Sea amable*
>
> Tenga paciencia con estas personas, y consigo mismo. Realmente, no saben lo que quieren.

> **CONSEJO**
>
> *Siga su ritmo*
>
> Si una persona se caracteriza por el «alejamiento» y asegura que no puede ver una salida, podría preguntarle qué es lo que «no» quiere ver en el futuro.

> **CONSEJO**
>
> *Poco a poco...*
>
> Podría dejarles las preguntas de la técnica ABC, para que reflexionen sin presión.

Errores versus feed-back

Una parte del pensamiento de «alejamiento» / «acercamiento» se basa en nuestra relación individual con el fracaso. Las personas que se decantan por el «acercamiento» no son muy entusiastas con los errores. Prefieren verlos como feed-back que usarán para «acercarse» a la mejora de su rendimiento en el futuro. De hecho, es posible que aseguren que «no existe el fracaso, sólo el feed-back». Proclaman la «negatividad» con mensajes positivos en voz muy alta de los beneficios que pueden observar. Rechazan otras «aceptaciones» del fracaso de personas que se caracterizan por el «alejamiento».

Las personas que se decantan por el «alejamiento», en cambio, tienen una actitud distinta respecto al fracaso, que consiste más en aceptar la relación con él porque, como ya hemos indicado, se centran más en lo que está mal que en lo que está bien.

Si pensar «positivamente» y entender los errores como un «aprendizaje» le funciona en su caso, entonces adopte esta conducta, pero no se la imponga a los clientes. Es posible que a ellos no les sirva. Podría ser útil para que usted y los clientes lleguen a un acuerdo en relación con el fracaso. Podría servirle más para reconocer que tomó las elecciones incorrectas, en retrospectiva, pero que tenía derecho a tomar esas decisiones.

«La elección pudo haber sido errónea, el acto de elegir, no.»
(Stephen Sondheim)

«Es mejor arrepentirse de los errores que se han cometido que de los errores que no se han cometido.»
(Anónimo)

El hecho de que tanto usted como los clientes aceptaran las responsabilidades del «fracaso» comprendiendo exactamente en qué fallaron podría ayudarles a ambos, y también que entendieran qué se podría hacer de otro modo en el futuro para alcanzar una meta más satisfactoria.

Ejemplo: «Una chispa brillante»

Thomas Edison estaba inventando la bombilla. Después de «fracasar» docenas de veces para encontrar el material adecuado para el filamento, antes de que terminara triunfando con el tungsteno, un amigo le preguntó: «¿No te desanimas con tantos fracasos?». Él respondió: «No son fracasos, son muestras de feed-back: me están reflejando cuál tiene que ser mi "próximo" paso».

Dimensión parcial

Caso de estudio: «Si viste bien, se sentirá bien»

Un cliente estaba planeando trasladarse a Australia. Por desgracia, no estaba convencido de si era el mejor movimiento a largo plazo. Tenía muchos beneficios a su favor, pero tenía algunas reservas. Después de muchas deliberaciones, anunció: «El gran problema es que no sé qué ponerme para ir en el avión».

Algunos empezamos con pequeñas piezas y luego las combinamos para que formen una imagen general. Otros necesitan concebir la imagen general antes de poder empezar a fijarse en los detalles. Usan dicha imagen como un marco en el que pueden encajar las piezas. Ambas opciones son buenas. La «mejor» manera de darle forma es la que le convenga más a sus clientes, y no les imponga la suya.

CONSEJO

Montar

Si un cliente piensa en pequeñas partes de detalles (a menudo, de una forma lenta, punto por punto), es posible que necesite un poco de paciencia para dar forma al conjunto, por ejemplo: «Entonces, ¿de qué forman parte todos? ¿Cuál es la idea global?».

O, si los clientes se quedan atrapados en los detalles y no pueden ni imaginar una «imagen general», podría preguntarles: «Cuando todo esto suceda, ¿cuáles son los beneficios que podría imaginar? ¿Adónde podría llevarle esto? ¿Cuál sería el resultado de eso?».

Si algo es demasiado grande como para llegarse a completar, podría pedir cuáles son los detalles específicos que pueden tener interés. ¿Qué es exactamente lo que le motiva o no le motiva en relación con eso? («Exactamente» o «concretamente», son palabras útiles para permitir que alguien empiece a dar forma a los detalles.)

CONSEJO

Desmontar

Si el cliente es de los de «ideas globales», empezará con una imagen general (a menudo, muy rápido), y es posible que precise un poco de paciencia para entrar en detalle. Pero el cliente necesitará la idea general antes de que los detalles tengan alguna importancia para él.

Qué antes de cómo

Hemos advertido que en un 95% de casos en que las personas deciden no seguir el rumbo de una acción es porque no «saben cómo podrán hacer eso». Cuando les preguntamos: «Está bien, ¿qué es exactamente "eso" que quiere hacer?», vuelven a responder que no saben cómo se puede hacer, pero no han definido primero el «qué».

¿Alguna vez ha vivido la experiencia de decidirse por algo y en pocos segundos haber decidido «no» hacerlo? ¿Ha asistido a alguna lluvia de ideas en que la idea de una persona se haya rebatido acaloradamente pocos segundos después de que haya sido formulada? Seguramente, este es el motivo por el que el «cómo» se cuela en el proceso de pensamiento antes de que el «qué» se haya formulado debidamente.

Por lo general, las ideas fracasan no porque no sean buenas, sino porque las personas permiten que la mente se introduzca inmediatamente en:

- «Cómo» no podemos hacer eso.
- «Cómo» esto ha fracasado antes.
- «Cómo» no tenemos los recursos para hacerlo.

Si no pueden ver una respuesta para el «cómo», desestiman el «qué». El «cómo» puede y debería esperar hasta que el «qué» se hubiera estudiado al completo. Entonces tiene su lugar el «cómo».

Caso de estudio: «Muchos cómo estropean el qué»

Un cliente salió temblando del despacho de su superior. «Me ha pedido que haga X para el martes, y que lo haga haciendo Y y Z, pero no sé "cómo" hacer Y y Z.» Se le explicó que las personas suelen mezclar «qué» quieren hacer, y «cómo» podría o debería hacerse. Y y Z suelen representar cómo esa persona lo haría si lo tuviera que hacer por su cuenta, pero no es necesariamente la mejor forma para otra persona. Se lo contamos al cliente y volvió a visitar a su jefe. «Sólo quiero comprobar que es X lo que quiere que esté hecho el martes –y eso estaba bien–, pero usted dijo que debería realizarlo haciendo Y y Z, que yo no sé cómo hacer; ¿estaría bien que hiciera V y W en su lugar, que "sí" que sé cómo hacer?» El jefe, para sorpresa del cliente, o más bien shock, le dijo simplemente: «Sí, por supuesto».

> **CONSEJO**
>
> *Existe más de una manera...*
>
> Intente buscar, al menos, tres opciones atractivas sobre «cómo» podría hacer algo, antes de decidirse (véase también *Feedforward*, página 136). Después de todo, William James definió la inteligencia como «tener un objetivo marcado, pero varios medios para lograrlo», es decir, un «qué» establecido y varios «cómo» para materializarlo.

Derivados positivos de conductas negativas

Habrá cosas que los clientes hagan que realmente querrán cambiar, pero que a pesar de haberlo intentado con insistencia, no hayan sido capaces –aunque los beneficios sean obvios y convincentes.

Pregúnteselo a algún fumador que haya intentado dejar de fumar. Saben que les está matando, y no puede existir ninguna motivación de «alejamiento» más fuerte que esta, pero siguen fumando. ¿Por qué? Por los beneficios positivos de «continuar» fumando, que puede ser que no hayan reconocido. Podría ser que fumar les concediera un momento para tomarse un descanso y tener unos minutos para ellos solos, por ejemplo. O podría darles una sensación de rebeldía, o una forma de conocer a gente o un sentimiento de relajación agradable.

Una vez definidos, es menos probable que los derivados positivos detengan a alguien de lograr su cambio, si puede ayudarles a encontrar las alternativas no perjudiciales. Así pues, es posible que un fumador necesite encontrar otra forma de justificar el hecho de tomarse un descanso antes de dejar de fumar verdaderamente.

> **CONSEJO**
>
> *No haga partes*
>
> Si un cliente tiene una situación que quiere cambiar, pero le cuenta que «una parte dentro de mí realmente no quiere hacerlo», se encontrará frente a un dilema clásico. Por ejemplo, una parte de ellos quiere dejar de fumar. Pero la otra, necesita tomarse descansos.
>
> Por eso, podría aplicar la técnica ABC preguntando cada una de las cuestiones del paso A dos veces, una para cada parte; por ejemplo, A1 «¿Qué ha estado pensando esa parte de usted?», «¿Y qué ha estado pensando la otra?».
>
> Luego, en los pasos B y C plantee las preguntas sólo una vez para llegar a una solución que lo englobe todo; por ejemplo: B1 ¿Qué es lo mejor que podría pensar o estará pensando que satisfaga a *todas* las partes de su persona en esa situación?

Caso de estudio: «No sabe lo que se está perdiendo»

Uno de nuestros clientes estaba a punto de retirarse, con una generosa indemnización financiera. Había decidido comprarse un bungalow en algún rincón recóndito de otro país y vivir al aire libre rodeado de césped verde. Le preguntamos que a qué «tendría que» renunciar, cuando tuviera el bungalow, que quisiera conservar. Empezó a hacernos una lista que no se terminaba nunca. Tendría que abandonar el golf, montar a caballo, tiempo con sus nietos, etc. Después de estudiar estas derivaciones positivas de su vida tal como era, acabó decidiendo no comprarse el bungalow y se sintió aliviado de no haber cometido un error que habría lamentado inmediatamente después de que la novedad hubiera desaparecido.

> **CONSEJO**
>
> *No hay lugar para cambios*
>
> Si nota un rechazo al cambio en los clientes, podría intentar añadir algunas preguntas al paso C; por ejemplo, «Además de lo que quiere cambiar, ¿qué desea "continuar" haciendo, continuar diciendo, continuar sin hacer, continuar sin decir, etcétera?».

Estrategia convincente

Este concepto se refiere al número de veces que tendrá que experimentar cualquier cosa antes de sentir que congenia con usted. Algunas personas nunca parecen estar convencidas, y la estrategia que les convence es más o menos el «Infinito». Otras se emocionan verdaderamente casi con todo lo que se cruzan y su estrategia de convencimiento es «Única». Cuando sepa cuál es su propia estrategia de convencimiento, podrá cambiar su conducta consecuentemente.

Caso de estudio: «Estanterías y estanterías y estanterías»

Por ejemplo, la estrategia que convence a Mike en la mayoría de ocasiones es única. Es su modo por defecto, si se quiere decir así. Solía comprar muchos libros de un autor si había leído y le había gustado sólo «uno» de sus libros. Del mismo modo, si había «un» aspecto de un restaurante que le gustaba mucho, entonces ese restaurante «le gustaba muchísimo», aunque otros aspectos no fueran correctos. Podría llegar a darse el caso de que siempre le preguntara amablemente por su salud, porque la «primera» vez que hablaron, usted estaba resfriado. Las «primeras» impresiones cuentan mucho para él.

Caso de estudio: «¡Relax, relax, relax, relax!»

Un amigo nos contó que le preguntó enfadado a su hija «¿Cuántas veces tengo que pedirte que ordenes tu habitación?», a lo que ella respondió tranquilamente «Cinco, papi». Y observó que no era siempre hasta la quinta vez que se lo pedía que se iba a la cama, subía al coche, o hacía los deberes. Después de recuperarse del shock de esta simple respuesta, cambió su propio comportamiento (que siempre resulta mucho más sencillo que intentar cambiar el de otra persona), y se lo pedía tranquilamente cuatro veces, sabiendo que no tenía que enfadarse porque la quinta súplica era la definitiva.

> **CONSEJO**
>
> *Le tengo calado*
>
> Preguntarle a alguien sobre la fiabilidad de varios ordenadores distintos es una buena idea si esta persona tiene una gran estrategia de convencimiento, porque entonces habrá revisado unos cuantos. Pedírselo a alguien con poca estrategia de convencimiento puede provocar que esta persona busque las «primeras impresiones», en lugar de hacer una investigación fiable.

Cómo sabemos que algo es lo correcto: externo versus interno

Algunas personas simplemente «saben» que algo es correcto. Llámelo «instinto visceral» o «sólo una intuición», es «interno».

Otras, prefieren juzgar «externamente» y obtener información del exterior. Preguntan: «¿Qué le parece?» o «¿Existe información publicada sobre el tema?» o «Quizá deberíamos leer unos cuantos estudios más, sólo para asegurarnos».

Las valoraciones externas pueden ser muy frustrantes como respuesta a una pregunta interna. Cuando se le preguntó «¿Qué te gustaría comer: pollo o pescado?», una amiga nuestra se giró y le preguntó a su marido «¿Qué me gusta más, cariño?».

Si ha estado compilando pruebas externas detenidamente para apoyar una recomendación que va a hacer, puede enfurecerle que alguien la descarte y la sustituya a cambio de algo que «queda bien».

Ni lo externo ni lo interno es mejor lo uno que lo otro. Y pueden funcionar perfectamente a la par. Por ejemplo, tener una corazonada (interno) y luego comprobarla externamente es correcto. O documentarse mucho, y luego tomar una decisión que encaje bien, también resulta para algunas personas.

Comunicarse cooperativamente

Basada, en términos generales, en la comunicación no violenta, nos gusta la secuencia siguiente para expresar algo con confianza, al mismo tiempo que se minimiza el riesgo de ofender:

1. Qué «noté»,
2. Qué «sentí» como resultado,
3. Qué «necesidades» tengo que todavía no se hayan cumplido,
4. Qué estoy «pidiendo», como consecuencia.

A continuación, encontrará cuatro ejemplos. Los tres primeros siguen la secuencia al pie de la letra, y el cuarto es más familiar.

Ejemplo: «Ay»

Estoy notando que cada vez hablas más fuerte y te enfadas más conmigo,

Y

Me estoy sintiendo un poco nerviosa como resultado,

Porque

Necesito mantenerme tranquila, con las manos firmes, mientras te quito esta astilla,

O sea, que

Puedo pedirte que me digas ¿cómo puedo ayudarte a que te estés quieto?

Ejemplo: «Sentirse intranquilo»

He notado que está respondiendo las preguntas muy rápido y con una voz cortada. Esto me hace sentir intranquilo, porque necesito saber si este proceso está siendo útil para usted hasta el momento. Por tanto, ¿podría decirme qué está pasando, por favor?

Ejemplo

Llevamos sentados en esta reunión mucho, mucho rato (=advertir), y como me siento muy nervioso (=sentir) como para llegar a un acuerdo sobre el próximo punto (=necesidad), ¿qué le parece si nos tomamos un descanso de cinco minutos y luego continuamos durante la comida (=petición)?

Ejemplo

¿Qué le parece si nos tomamos un descanso de cinco minutos ahora (=petición)? Llevamos sentados un buen rato (=notar) y realmente quiero (=sentir) abordar el próximo punto antes de que terminemos (=necesidad).

CONSEJO

Mantener el orden «correcto» es útil, pero no esencial; mostrarse natural y verdadero, en cambio, es primordial.

CONSEJO

Recuerde que se trata de lo que «usted» note, sienta, necesite y quiera; no se trata de señalar y decirle a otra persona lo que ella estaba sintiendo o necesitando. Esto puede resultar muy indiscreto y contraproducente. Piense en un momento en que alguien le haya dicho «Debe estar sintiéndose muy X», y ¡usted no lo estuviera!

Pensar con flexibilidad

Caso de estudio: «Un solista aventurero»

Un cliente nuestro estaba planteándose jubilarse anticipadamente. Había permanecido trabajando en el mismo banco desde que había salido de la universidad y completado un servicio de 30 años. Su futura pensión era sustanciosa. Aunque había sido feliz en el trabajo, siempre le había faltado algo. Le había atraído el banco, porque era un lugar seguro en el que trabajar y le habían garantizado un trabajo para toda la vida. Había permitido que estos valores de seguridad y prudencia influyeran en la elección de su carrera. Sin embargo, estos eran, principalmente, valores que había heredado (es decir, «Obligaciones»), más que sus propios deseos o necesidades. Había una parte de él que era más «aventurera» y que deseaba que no se hubiera decantado por una carrera tan segura. Pero las responsabilidades llegaron, y con el paso de los años tenía menos sentido para él «romper con todo» y explorar qué podría haber hecho con su vida. Con la pensión se le presentaba una oportunidad para investigar. Al plantearse la vida después de la jubilación del banco, estaba convencido de que quería seguir trabajando en una cosa u otra; no podría sentarse en casa a ver la televisión. Y sus circunstancias financieras le ofrecían más opciones de las que experimentaban el resto de personas. No obstante, al considerar las opciones para el futuro, continuó aplicando los antiguos valores. Quería trabajar donde sus múltiples habilidades y conocimientos fueran un activo y una ventaja. Quería utilizar su red de contactos porque sabía lo poderosos que eran y cómo le ayudarían.

Tardamos un tiempo antes de poder ayudarle a liberarse de estas viejas restricciones. Nuestra primera labor fue no facilitarle el tener ideas para el futuro, sino permitirle pensar con flexibilidad, para usar todas sus destrezas y conocimientos, «lo que incluía esa idea de aventura».

Lo primero que hicimos fue introducirle al concepto de que la personalidad es más bien como una orquesta de solistas que como una entidad singular. Entonces, fue capaz de identificar y dar nombre a todos los solistas que elaboraban la persona completa. Reconoció al solista que disfrutaba trabajando, al que siempre había querido jugar a golf, al que le gustaba estar con la familia, etc. Muy rápido, se dio cuenta de la cantidad de solistas que habían permanecido sentados sin hacer nada durante años. De hecho, algunos de ellos nunca se habían levantado ni habían sido considerados por los que se habían llevado toda la atención. Y reconoció que había llegado su turno. No deberían, como él lo anunció, «devolverse sin desenvolver».

Para facilitarle más que pensara con flexibilidad, empezamos a plantearle algunas preguntas preliminares que le hacían imposible responder prudentemente. «¿Qué es lo más absurdo que podría hacer en el futuro?», era una pregunta que resultaba difícil de responder usando «sus» antiguos valores. En pocos segundos, se volvió creativo con sus ideas. Al permitir que sus pensamientos fluyeran sin aplicar ninguna razón, identificó a los solistas de su orquesta que más le gustaría liberar de los confines de sus sillas. Y el solista principal que identificó fue esa parte de su persona que sentía una pasión por la naturaleza y el exterior. Esta parte había tenido que satisfacerse en el pasado mirando programas de aventura y sobre la naturaleza en la televisión. Al final, un negocio que montara vacaciones de aventura fue la ruta convincente que eligió tomar. No sólo satisfacía así al aventurero, sino que también se permitía aplicar su amplio conocimiento empresarial. Y sus valores heredados alrededor de la seguridad demostraron ser muy útiles para los clientes que reservaban sus vacaciones.

El pensamiento flexible no se aplica sólo a los clientes. Como *coach*, debe estar abierto a nuevas ideas y a nuevas formas de plantear las situaciones. Deje que sus ideas preconcebidas se las lleve el viento. Muéstrese receptivo frente a todo lo que ocurra y todo lo que se comente. Un *coach* eficaz se toma las sorpresas con calma, nunca es sentencioso, y se deja llevar. Para seguir aprovechando la metáfora de dejarse llevar, *coaching* puede parecerse a veces al «rafting» por aguas bravas. A pesar de que guíe y dirija, la velocidad y la fuerza del cambio está en manos del cliente. Si realmente se deja sorprender, como en la vida, será difícil esconderse. Déjese llevar. Y si le cogen por sorpresa, en vez de intentar eliminarla, podría probar con algo como:

- «¡Caramba!, me ha cogido por sorpresa.»
- «Dios mío, esto sí que me ha matado», y luego prosiga cuando se haya repuesto.
- «Tomémonos un pequeño descanso.»
- «¿Qué quiere que le diga, o le pregunte, ahora?»

Curiosidad

El ejercicio de *coaching* puede beneficiarse de que usted se encuentre en un estado de «no saber», porque es menos probable dirigir la conversación en la dirección que sería más obvia o pertinente para usted. Al no saber, es menos probable que tome la dirección que sería la más adecuada para su propia situación, a expensas de la de su cliente. Este estado de no saber puede hacerle sentir fuera de control o sin un control lo bastante riguroso. Es como coger la manguera del jardín tan al extremo como pueda para tener el máximo control de la dirección del chorro de agua. Nos podemos sentir así en relación al *coaching*. Intente coger la manguera un poco más atrás, sabiendo que siempre podrá ajustar su asidero, si lo necesita.

Una forma de perder el control es sustituir todos los pensamientos de certeza con ideas de curiosidad. No saque sus propias conclusiones sobre cómo deberían responder los clientes o qué deberían hacer, sino muéstrese curioso frente a las respuestas. Esté dispuesto a que le sorprendan. Siéntase complacido de aprender y averiguar algo que nunca antes haya sabido. Ayúdese a ser curioso teniendo como parte de su propio objetivo la intención de aprender algo nuevo sobre los demás o sobre sí mismo, a través del proceso de ayudar a su cliente.

Malestar

Estos estados de no saber y de ser curioso pueden hacer sentir incómodas a algunas personas, sobre todo si están acostumbradas a «tener el control». La conversación de *coaching* puede ser que le lleve a lugares en los que nunca antes ha estado. Podría revelarle creencias y valores que son diferentes o contradictorios a los suyos propios. Resístase a cualquier ansia de sentirse cómodo cambiando la dirección de la conversación. Aprenda a afrontar el malestar acomodándose a él. Perciba dónde se manifiesta esta molestia en usted. ¿Se trata de un sentimiento, una voz interna, un cambio de temperatura? ¿Cómo se hace notar el malestar? Después, en lugar de suprimirlo o ignorarlo, limítese a apreciarlo y a reconocerlo. Pregúntese, durante un rato, si se siente cómodo con este malestar.

Perciba qué es lo que provoca el malestar y que podría tratarse perfectamente de algo relacionado con *usted*, en vez de con los clientes. Si un cliente que le está hablando sobre su niñez, o sobre intimidaciones o logros, le hace sentirse incómodo, ese sentimiento está relacionado con alguna experiencia que usted haya vivido, y no con la experiencia del cliente.

Confusión

La confusión es una parte necesaria de los procesos de aprendizaje y de cambio. Implica que ha desmontado su conocimiento previo, pero que todavía no ha vuelto a reunir las piezas. Estamos rodeados de piezas, a veces nos cubren o nos inundan. Tenemos varias opciones.

- Es posible optar por reunir de nuevo las piezas exactamente igual que como estaban antes.

- Se puede jugar con ellas y colocarlas en un orden distinto.

- Se puede elegir que una pieza diferente sea el fundamento de la reestructuración.

- Es posible decidir que falta una pieza que debe conseguirse, para darle sentido a todo.

Jugar con la confusión es verdaderamente útil, y sentirse cómodo con ella puede ayudarnos a jugar. Hay una «obligación» muy habitual respecto a la confusión: «¡No debería estar confundido!». Esto es como afirmar: «No debería estar pensando».

Indecisión

La indecisión es considerada por muchos como el octavo pecado capital. La dilación es vista como una debilidad. Saber que tenemos que tomar una decisión puede sumirnos en unos sentimientos caóticos.

Adoptamos diferentes posturas respecto a la indecisión. La reconocemos como parte del proceso de elegir la opción correcta. Consideramos que si todavía no se ha tomado una decisión, entonces es que realmente «se está decidiendo».

Caso de estudio: «Literalmente, estar *decidiendo*»

Esta técnica surgió un día que Mike estaba a punto de salir de casa para impartir el último día de un curso de formación.

El teléfono sonó y dudó entre dos cosas: contestar o no. Decidió responder y le comunicaron que su madre se había puesto muy enferma y que le necesitaban, a muchos kilómetros, en ese momento. Se quedó de pie, inmovilizado. Por un lado (=dilema clásico), sabía que, sencillamente, «tenía que» estar junto a su madre. Por el otro, reconocía que no podía, por cualquier razón, dejar tiradas a unas personas que llenaban una sala. Se sintió bajo una enorme presión y tomó una decisión rápida.

Y, así, decidió que había un círculo de moqueta en su casa que denominaría su espacio para decidir y que entraría en él. Decidió que dentro de ese círculo «no» tenía que tomar esa decisión. Entró en el círculo y percibió un gran sentimiento de aislamiento, lo que no es sorprendente, ya que tomar decisiones puede ser un proceso muy solitario. Se dio cuenta de que habían muchísimas técnicas para tomar decisiones, pero que nunca había considerado una que mostrara qué hacer cuando uno está atrapado en el camino de tomar una decisión.

También comprendió que «¡no se pueden tomar decisiones muy importantes!». Sólo pueden tomarse cuando son buenas y están disponibles. Está claro que podemos ayudarlas aportando cada vez más información, pero si uno se obliga a sí mismo a tomar una decisión en un plazo límite, notará esa sensación persistente en el estómago, ese hundimiento que podría no hacerle sentir muy bien.

Por tanto, Mike se preguntó «qué» era lo que realmente «necesitaba» y su respuesta fue: «estar en ambos sitios a la vez». Y de inmediato se sintió mejor; al menos, había obtenido un «qué» que era cierto, a pesar de que el «cómo» le iba a costar un poco más.

Entonces, se preguntó «cómo» podría lograrlo, y la respuesta era que, evidentemente, no podía. O sea, que necesitaría encontrar a alguien que le sustituyera en uno de los dos sitios. Sintió que quería ir al lado de su madre y que eso era lo que imaginaba, poniéndose en la mente de su madre, que ella preferiría. Por consiguiente, el trabajo era encontrar a otro formador que acudiera a la sesión. La persona a quien llamó podía y estaba dispuesta y disponible. ¿Cómo funcionó ese proceso? Muy sencillo:

1. Mitigó la presión del caos.
2. Se concedió a sí mismo un «espacio» en el que estar.
3. Supo que independientemente de lo que sucediera en el exterior, «no» tenía que tomar una decisión mientras se encontraba en el interior.
4. No dejó de preguntarse una variante de la cuestión A3: ¿«qué» es lo que «necesito» en este momento?
5. Confió en lo que sucediera (Mike suele obtener la primera respuesta como «un enorme placer; ¡me he estado sintiendo muy solo con esto!»).
6. Después, cuando creyó que no necesitaba nada más, pudo empezar a preguntarse «cómo» los «qué» podrían lograrse (paso C).

CONSEJO

Librarse de la presión

Puede ser útil comentarle a alguien que le esté presionando: «Me estoy decidiendo en relación con ese tema; ya me volveré a poner en contacto con usted tan pronto como lo sepa».

> **CONSEJO**
>
> *Su elección*
>
> Si le gusta disponer de un tiempo para considerar las opciones, podría ofrecerle una opción a la persona que le está presionando. Por ejemplo: «Puedo darle una opinión precipitada ahora mismo, una opinión pensada a las X a.m./p.m., o una decisión verdaderamente sopesada mañana a las Y a.m./p.m. ¿Qué prefiere?».

Por lo que luche, se le girará en su contra. A lo que se resista, tenderá a persistir. Obligarse a uno mismo a tomar una decisión, retrasará a menudo el proceso. El proceso de «indecisión» facilitará que las decisiones lleguen a los clientes. Si pueden permitir que las decisiones los encuentren, en lugar de intentar atraparlos, estas decisiones parecerán sólidas y «correctas».

El poder de los períodos

Una de las mejores estrategias para comunicarse eficazmente, o para plantear preguntas convincentes que provoquen pensamiento, o para ser una persona decidida y confiada, es conseguir que el punto y aparte, los períodos o los interrogantes se «noten» realmente.

Caso de estudio: «Así son las cosas»

Un amigo conformó algunas ideas de diseños para un cliente. A éste le gustaban y preguntó cuánto le costarían. «Mil quinientos euros; esto es, por tres días de mi tiempo a quinientos por día.» El cliente dijo: «Hagamos un trato; mil.» «Bueno –replicó el diseñador, contando con los dedos–, yo cobro quinientos euros por día, multiplicados por tres días suman mil quinientos.» (Y dejó un silencio convincente después del «.») «Vamos, hombre –comentó el cliente, que sonaba un poco nervioso–, mil en efectivo. ¿De acuerdo?» El diseñador le miró a los ojos. «Tardaré tres días.» (Silencio, para dejar que calara.) «Cobro quinientos euros por día.» (Otro silencio maravillosamente valorado.) «O sea, que lo haré por mil quinientos.» (Y siguió un silencio agradable, pero estricto.) Y obtuvo los mil quinientos euros.

Con demasiada frecuencia, nos topamos con lo opuesto, frases que se amontonan en el aire, sin puntos y aparte, ni períodos: si sabe lo que quiero decir, lo entiende, sin llegar nunca a buen puerto, etcétera.

Ocurre lo mismo cuando se plantean preguntas, sobre todo en la técnica ABC. Pregunte y luego quédese callado. Estas cuestiones están diseñadas para que los clientes puedan pensar por ellos mismos. Cada una de ellas es una «invitación a la consideración», y cuando se presenta una invitación, es adecuado esperar a una respuesta segura.

El efecto del punto y aparte, los períodos y los interrogantes es marcar un inciso entre el acto de hablar y el de no hablar. Transfieren la responsabilidad de una persona a la otra.

CONSEJO

Nadas agradables

No hay que mantener el silencio para siempre; si se hace evidente que la otra persona se siente incómoda con esa responsabilidad o que quizá no tenga la disposición en ese lugar o en ese momento, se puede romper el silencio «no» diluyendo el mensaje, sino cambiando de tema. Por ejemplo:

- «Olvidemos eso por un momento y ya lo retomaremos después.»
- «¿Quizá preferiría pensar un poco en eso y notificármelo?»

Caso de estudio: «Las buenas intenciones no bastan»

Mike conoció a una mujer a quien le dieron instrucciones para una campaña publicitaria. Ésta le preguntó al cliente qué quería exactamente como resultado de la campaña y cómo definiría textualmente el éxito. Pero el cliente le respondió: «Vamos, ya ha colaborado con nosotros durante bastante tiempo; usted sabe lo que queremos, o sea, que ¿verdad que puede esbozar un informe?».

Así que se marchó y lo redactó. El cliente lo leyó y le comentó: «¿Lo ve? Le dije que podría hacerlo» y le dio un par de golpecitos en la espalda. La agencia publicitaria desarrolló algunas ideas a partir de ese informe y se las presentó al cliente, que reaccionó: «Sí, están bien, pero no es exactamente lo que tenía pensado».

Es obvio que no era lo que el cliente había pensado, porque la persona de la agencia publicitaria no transfirió la responsabilidad al cliente para que explicara las expectativas que tenía en mente; intentó «leerle la mente» y «querer parecer cooperativo», en vez de intentar plantear la pregunta de algún modo como, por ejemplo: «Necesitamos saber exactamente qué es lo que espera o necesita». (Conceder un pequeño silencio para que el mensaje cale.) «Quizá necesite consultar con su jefe para averiguar qué es lo que quiere.» (De nuevo, dejar un silencio para que la persona pueda hacer lo que se le ha pedido.)

Disculparse

Como *coach*, o de hecho como persona humana, es probable que se equivoque; es una parte inevitable del aprendizaje de cosas nuevas y de expresar opiniones. Y es probable que sienta que quiere disculparse.

Una equivocación sólo se convierte en error si no se hace nada al respecto. (Anónimo)

Pruebe con esta estrategia:

Estrategia para pedir perdón

1. Afrontar la responsabilidad.
2. Expresar lo que tenga que comentar sobre lo que hizo o dijo en el pasado.
3. «Suprimir» el largo silencio después del punto y aparte o la pausa que le transfiere la responsabilidad a la otra persona, mantenga la responsabilidad en su propio terreno con un silencio de un par de segundos, aproximadamente.
4 Añadir «algo más» que le «acerque» hacia el futuro.

Por ejemplo: «Siento que haya terminado mal» (cuente los segundos: uno, dos). «Quería ayudar, no estorbar» (uno, dos). «Ahora, ¿cuál es el próximo punto del orden del día?»

Por ejemplo: «Lamento mucho que odie la propuesta» (uno, dos). «Por lo tanto, ¿qué es lo que, en cambio, le gustaría?»

Caso de estudio: «La honestidad es lo mejor»

Mike estaba en una reunión en la que su jefe tenía que disculparse por un fallo que le costaba al comprador una importante suma de dinero.
El jefe miró al cliente a los ojos y le anunció:

«Tengo tres cosas que decirle (uno, dos). En primer lugar, lo siento. He cometido una equivocación, que no ha sido deliberada, y lo siento, lo siento de verdad (uno, dos). En segundo lugar, le ha costado dinero a su empresa y, como es natural, le reembolsaremos totalmente; ha sido un error nuestro y no queremos que salga perdiendo (uno, dos). Y en tercer lugar, quiero hablar con su superior para contarle que a pesar de que usted, personalmente, tenía la responsabilidad, ha hecho todo lo posible para gestionar este proyecto, y no podría haber hecho nada más porque ha sido cien por cien error nuestro (uno, dos). Por tanto (uno, dos). ¿Qué debo hacer para que podamos avanzar a partir de este punto? (larga pausa, para transferir la responsabilidad)».

«Mmm, bueno, creo que, mmm, gracias», respondió el cliente.

«Está bien, entonces, consideremos el siguiente paso...», prosiguió el jefe de Mike.

CONSEJO

Cómo disculparse para aclarar una antigua confusión

Los sentimientos viciados de viejos conflictos pueden prolongarse durante mucho tiempo, a menudo años, a veces para siempre. Cuando piensa en ellos, es posible que sienta un estremecimiento en la espalda. Su mero recuerdo le reconecta con las respuestas negativas que tuvo en ese momento. Estos sentimientos le atoran como algas que le crecieran alrededor de las piernas.

Siempre que sea posible, aclare una antigua confusión de este tipo. Si implica volver a acercarse a alguien y discutir sobre cosas, llegar a un entendimiento mutuo, algunos acuerdos de los cuales ambos tuvieran la culpa, hágalo. Si tiene que disculparse para cortar esas algas, piense en qué le parecería sentirse libre de esa vieja confusión, y experimentar la disculpa. Si no tenía razón, ignorar su error no se la concederá.

Si no consiguió contarle a alguien lo mucho que le hirió, esto también es un antiguo dilema. No obstante, no siempre tendrá derecho a recuperar la situación para arreglarlo. De hecho, algunas de estas confusiones pasadas quizá estén relacionadas con alguien que, en este momento, esté muerto.

> Cuando esto ocurra, existen dos formas sencillas de liberarse del sentimiento negativo. La primera es escribir una carta que nunca enviará. Redáctela como si las otras personas fueran a leerla, y exprese detalladamente todos los sentimientos y opiniones que tenga sobre lo que sucedió. Luego, ponga la carta dentro de un sobre, ciérrelo y quémelo, o tírelo a la basura.
>
> Otra manera de liberarse de esas algas que le aprisionan es colocar un cojín en una silla, sentarse frente a ella e imaginar que ese cojín es la persona en cuestión. Siempre que nadie más pueda escucharle, cuéntele al cojín todo lo que siente y piensa sobre esa persona. Sincérese como si intentara vaciarse de la emoción negativa. Al almohadón no le importará. La mayoría de ellos tienen una idea bastante positiva de quiénes son.
>
> No espere que las viejas confusiones se solucionen o se desvanezcan con el tiempo. Todos necesitamos hacerlas desaparecer, afrontándolas.

El lenguaje de las preferencias sensoriales

Como hemos explicado anteriormente en este libro, todos tenemos cinco sentidos: la vista, el oído, el tacto, el gusto y el olfato. Sin estos cinco sentidos no sabríamos qué es lo que existe.

Necesitamos nuestros sentidos para «estar en contacto» con el mundo, «observar» qué sucede, y «saborear» lo que está ocurriendo. La forma como usamos nuestros sentidos tiene una influencia sobre nuestras estrategias de aprendizaje, recreación, los trabajos por los que nos sentimos atraídos y nuestra opinión de nosotros mismos y del mundo.

Alguien que se sienta más orientado hacia el tacto (kinestesia) aprenderá mejor «haciendo» cosas. Alguien que esté más orientado hacia el sonido (audición) aprenderá mejor «escuchando». Alguien que sea «visual» aprenderá mejor mirando.

Estas preferencias se muestran en el lenguaje que utilizamos las personas. Alguien que es visual describirá unas vacaciones por lo que vio, los colores, las formas, la luna brillando por la noche, la luz de las tabernas. Alguien que esté más inclinado hacia el tacto, le dará una idea de lo lleno o abarrotado que estaba el destino de sus vacaciones y del calor que se sentía. Alguien que se caracterice por prestar oídos, hablará sobre el silencio o la quietud, los sonidos de la mañana o sobre los juerguistas que le mantenían despierto toda la noche.

En las sesiones de *coaching*, tenga curiosidad sobre los sentidos que destacan en el lenguaje de sus clientes. Si indican que no pueden «contemplar» una salida y les pregunta qué les hace «sentirse» inseguros, estará confundiendo el lenguaje sensorial. Escuche entrevistas en la televisión o en la radio y fíjese en el lenguaje sensorial. Fíjese cuándo los entrevistadores confunden su lenguaje con los sentidos usados por los entrevistados.

Si va a realizar el ejercicio de *coaching* con alguien durante un período de tiempo, emplee una charla informal para identificar las preferencias sensoriales de su lenguaje, y tome nota mental para utilizar esos sentidos en el futuro.

CONSEJO

Adáptese a los sentidos del cliente

Si alguien comenta que no puede «ver» qué papel sería el más adecuado para él, pregúntele qué papel podría parecerle más «apetitoso» o cuál le «sonaría» mejor.

Si alguien no para de pedirle que repita lo que ha dicho, ¡no lo haga! No lo entenderá por escucharle muchas veces, por tanto, intente «mostrárselo», o conseguir que lo «sienta» por sí solo.

Caso de estudio: «No me lo digas»

Un amigo nuestro le estaba preguntando a su pareja cómo hacer algo en la pantalla del ordenador. «¿Cuántas veces tengo que decírtelo...? –se quejó ella–.» «Miles –le respondió su marido–, pero si tan sólo pudieras "mostrármelo", entonces ¡solo tendrías que mostrármelo una vez!»

Caso de estudio: «No veo por qué te sientes así»

Robin estaba trabajando con un matrimonio. La mujer aseguraba que nunca podían «considerar nada bajo el mismo prisma». El hombre comentaba que no había ninguna esperanza para su relación, porque, simplemente, no «conectaban juntos». Ella no podía «ver ningún futuro» para ambos. Él no podía «recibir vibraciones positivas» sobre el futuro. Robin se sentó entre ellos y tradujo sus declaraciones visuales en afirmaciones palpables, y viceversa, hasta que fueron capaces de entenderse uno con otro. Cuando fue abierta esta línea de comunicación, resultó mucho más sencillo que resolvieran las dificultades que se mantenían entre ellos.

Caso de estudio: «Lanzar una moneda»

Mike se enteró de que el funeral de uno de sus mejores amigos iba a tener lugar al mismo tiempo que otro evento al que se había comprometido acudir. Realmente quería estar en ambos lugares, por lo que llamó a una amiga, que se encontraba lejos, y le pidió que le ayudara a decidirse de algún modo. «Lanza una moneda» –le sugirió–. «Gracias, mujer –respondió Mike–. Me gasto un montón de dinero en una llamada interurbana y todo lo que se te ocurre decirme es que "lance una moneda".» Hubo un silencio. «¿Verdad que no sabes cómo "funciona" lo de lanzar una moneda?» –le preguntó su amiga–. «Mmm, bueno, de hecho, nunca había pensado en ello» –reconoció Mike. Empezó a pensar en voz alta, describiéndolo. «Veamos. Tengo dos cosas entre las que elegir. Lanzo la moneda. No me gusta cómo cae, por tanto, será la mejor de tres, luego la mejor de diecisiete, etcétera, hasta que doy con la respuesta "correcta".» Se hizo un largo silencio al otro lado de la línea. «¿Y no te habías dado cuenta de que "hablar" contigo mismo y "ver" las implicaciones no te había ayudado a tomar una decisión, o sea, que tenías que elegir la que encajaba mejor...? –le preguntó la amiga de Mike, haciéndole ver que cuando la moneda caía del lado «incorrecto», era como una patada de «alejamiento» en el estómago. O sea, que debía lanzar la moneda hasta que la respuesta no le molestara.

Dilemas y obligaciones

Cuando sólo tenemos una opción y no nos gusta, se denomina *Obligación*, por ejemplo, «Tengo que hacerlo», «Se supone que tengo que hacerlo», y muy a menudo (véase Niveles neurológicos, página 78) está al nivel de nuestros propios valores y creencias.

Es posible que tener «dos» opciones –podría llegar a pensar– sea mejor que tener sólo una, pero entonces, esto se llama «dilema»: «Por un lado, creo X pero, por otro, quiero Y», o «Me siento atraído hacia dos direcciones, estoy dividido».

Sólo será cuando se hayan generado tres o más «opciones» entre las que elegir que tendremos una verdadera libertad de «elección». (Véase *Feedforward*, pág.136, para obtener una técnica para generar opciones.)

CONSEJO

Nunca puede disponer de demasiadas opciones

Si alguien está sufriendo por una obligación, es posible que crea que no tiene opción, que no tiene espacio de maniobra. Probablemente, tendrá un sentimiento de opresión en el pecho, donde se encuentran sus sentimientos sobre valores/ pensamientos (véase Niveles neurológicos, pág. 78). Esta es una señal clara de que al menos necesitan dos opciones más (que, como mínimo, sumen tres en total) antes de poder empezar a elegir.

Si alguien tiene un dilema, entonces necesita al menos otra opción (que sumen tres en total, al menos) antes de poder empezar a escoger.

CONSEJO

Doble o nada

Existen dos sencillas formas de generar una tercera opción para avanzar desde un dilema; si ambas opciones son igual de atractivas, un modo es preguntarse: «¿Cómo puedo conseguir "ambas" en vez de comprometerme sólo con una?». Y si ambas son igual de inapetentes, una forma de acercamiento es preguntarse: «¿Cómo puedo "evitar" ambas opciones?».

Posiciones perceptivas

Existen tres perspectivas respecto a cualquier situación:

1. La mía, mirarla con mis ojos; denominada posición en primera persona, o primera posición.

2. La de otra persona, poniéndose en su perspectiva, mirando con sus ojos; posición en segunda persona, o segunda posición.

3. Una visión objetiva e imparcial; tercera posición, la de una mosca en la pared.

Las personas que afrontan bien las situaciones, pueden obtener información desde las tres posiciones que contribuyen a que tomen elecciones informadas. Las personas que han tomado decisiones que no les han satisfecho, en último término puede ser que hayan sacado la información sólo de una o dos posiciones y, por tanto, su elección está basada en datos incompletos.

Primera posición

Ejercicio: «Aquí»

Complete esta frase:

«En este momento, estoy sintiendo .... en el cuerpo, y estoy pensando .... en la cabeza, y estoy viendo .... delante de mí y viendo .... con los ojos de la mente.»

Esta es la primera posición: ponerse en la propia piel y ser consciente de lo que le está sucediendo a usted.

Segunda posición

Ejercicio: «Allí»

Piense en una situación que viviera recientemente, y tómese un momento para imaginarse que se encuentra en la piel de otra persona, que le está mirando a usted, y complete esta frase:

«Desde aquí, en la perspectiva de esa persona, mirándome a través de sus *ojos* y escuchando a través de sus orejas en este momento, estoy viendo .... y estoy escuchando .... y estoy pensando .... y estoy notando .... y estoy necesitando .... y creo que el papel que está interpretando es ....»

Robert Burns elogió el regalo de vernos a nosotros mismos como otra persona nos ve. Se dice que nunca debería ser crítico con alguien hasta que no se haya puesto en su perspectiva durante unas horas. En las discusiones o conversaciones, solemos pedir a la otra persona que entienda la situación desde nuestra perspectiva. De hecho, solemos pedirle que se ponga en nuestra situación o que entienda algo a nuestra manera. Estas son peticiones para que otra persona abandone su propio punto de vista y consiga una visión más general de una situación.

Caso de estudio: «No se esconde bajo el ala»

Un cliente se mostraba muy agresivo en sus negocios. Trataba rudamente al personal, les chillaba e intentaba motivarles con miedo. Veía a las personas como herramientas para usar en la búsqueda de sus propias prioridades. Como les pagaba, creía que tenía derecho a intimidarles. Un día, en un acontecimiento social, se estaba comportando de un modo muy dogmático y afirmaba a gritos que «si eso no les gustaba, siempre podían marcharse». No le importaba si otras personas tenían opiniones distintas, ya que podía hacerles callar a gritos. Para su sorpresa, una persona que se encontraba cerca se cubrió los oídos mientras él hablaba. Nuestro ruidoso cliente entendió que este gesto de cubrirse las orejas significaba que la otra persona no tenía un contraargumento. Por tanto, se puso a expresar aún más fuerte sus ideas. Hasta llegó a acusar a la persona que se tapaba los oídos de esconderse bajo el ala, de no ser capaz de afrontar la realidad, de estar obsesionada por lo políticamente correcto y de ser demasiado débil como para defender lo que era correcto.

Momentos más tarde, un colega se llevó a nuestro cliente aparte. Le explicó que el hombre que se tapaba los oídos era, en realidad, sordo, y que llevaba un audífono bien escondido. Su padre había abusado de él de pequeño y había perdido la mayor parte de su capacidad auditiva. Para participar en las conversaciones, tenía que conectar el audífono, pero esto le hacía muy sensible a los volúmenes altos, que le causaban dolor. En ese instante, nuestro cliente se introdujo –espontáneamente– en la segunda posición, posiblemente por primera vez en toda su vida. Abandonó su propia visión del mundo y pasó a contemplarlo desde el punto de vista de una persona sorda.

Ser capaz de estar en empatía con otra persona, comprenderla, ponerse en su piel, es una habilidad eficaz que hay que desarrollar, y que es beneficioso en el proceso de *coaching*. Comprender los filtros, pensamientos y valores de otra persona, lo que es importante para ella y lo que la motiva, es esencial en el ejercicio de *coaching*. Si no, su estilo de orientación puede volverse en uno que intente convertir al cliente en usted mismo.

> **CONSEJO**
>
> *Cada vez va mejor*
>
> Imagine que está sentado en el lugar de su cliente, mirándose a usted a través de los ojos del cliente, escuchándose a usted, y sintiendo lo que el cliente está notando y necesitando lo que él necesita. ¿Qué ajustes podría incorporar a lo que usted está haciendo?

> **CONSEJO**
>
> *Allí*
>
> En una reunión, y también en casa, ¿qué sensación le daría ponerse en la posición de otra persona y girar la vista hacia usted? ¿Qué información obtiene que pueda ayudarle a mejorar estas situaciones (todavía más)?

Si alguien está situándose demasiado en la segunda posición y usted se siente acorralado, es probable que tenga que marcarle el ritmo amablemente hacia la primera o tercera posición o, en este caso, hacia ambas:

> **Ejemplo: «No se debilite»**
>
> «Sé que crees muy de veras que estaré más calentita y más cómoda si me pongo un gorro, porque hace mucho frío, pero deja que te diga, a partir de mis propias experiencias de salir a la calle en diferentes tipos de condiciones climatológicas, que estoy bien así, gracias.»
> (Traducción al lenguaje de la tercera y primera posición: «Soy consciente de las condiciones climatológicas y elijo mi propia opción».)

Tercera posición

> **Ejercicio: «Sin sentimientos, por favor»**
>
> Complete esta frase:
>
> «Si fuera una cámara colgada de la pared que me observara y me escuchara mientras leo este libro –una distancia suficiente como para excluir las emociones–, describiría lo que estoy viendo y oyendo como ....»

Esta perspectiva objetiva, sin sentimientos, es la tercera posición.

Algunas personas son expertas en ser analíticas sobre una situación y la forma como se ha construido. Parece que no tengan ninguna opinión o emoción propias. Hasta llegarán a responder preguntas propias de la primera posición, como «Entonces, ¿qué es lo que usted cree?», en tercera persona, como por ejemplo, «Los datos de la investigación no ofrecieron ninguna respuesta a esa pregunta».

> **CONSEJO**
>
> *«Sin sentimientos»*
>
> Si quiere una opinión de alguien que adopta mucho la tercera posición, podría empezar por situarse usted también en la tercera posición, para marcarle el ritmo cordialmente, y si no es posible llegar hasta la primera posición, al menos avanzar un metro o dos hacia ella.

> **Ejemplo**
>
> «¿Cuál es la postura sobre esta situación y cuál podría ser un avance?» (Traducción al lenguaje de la primera posición: «¿Qué cree usted que ha estado sucediendo y cómo cree usted que se podría dar un paso hacia adelante?».)

Podría ser duro para alguien que se encuentra en la primera posición ser objetivo y, por tanto, tendría que marcarle el ritmo amablemente hacia la tercera posición:

> **Ejemplo: «Desamparado»**
>
> «Sé que "crees" que realmente necesitas irte a dormir en este momento, pero como eres el único conductor con carné y estamos a ocho kilómetros de la ciudad, ¿cuáles crees o entiendes que son las opciones realistas?»
> (Traducción al lenguaje de la tercera posición: «¿Qué opciones existen, específicamente, en esta situación?».)

Fijarse

Fijarse es compilar información. Es estar abierto y estar sediento de información antes de formarse opiniones o tomar decisiones. Es conseguir las opciones antes de tomar elecciones. Es fijarse en qué información le resulta más fácil de reunir y cuál le resulta más difícil.

Fijarse se opone a nuestro proceso natural de filtrar la información. Si permite que entre un poco más de información, entonces se fija en cuáles son sus filtros naturales y se da cuenta de qué información está excluyendo. Se vuelve muy curioso. Se vuelve curioso sobre sí mismo, así como también sobre sus clientes.

¿Cómo empezará a cambiar los filtros? Un prerrequisito para una buena comunicación es fijarse en lo que se fija, y percibir lo que «no» había percibido previamente.

> **Ejercicio: «Aquí, también»**
>
> Repita el ejercicio sobre el «Aquí» de las páginas precedentes (pág. 116), ya le avisamos de que esta vez será un trabajo duro, con la incorporación de dos partes más.
>
> **Primera parte**
>
> Complete esta frase:
>
> «En este momento, estoy sintiendo .... en el cuerpo, y estoy pensando .... en la cabeza, y estoy viendo .... delante de mí y viendo .... con los ojos de la mente.»

Segunda parte

Ahora, complete esta frase lo más detalladamente posible, añadiendo todo lo que podría ser, en apariencia, trivial u obvio o insignificante, para asegurarse de que dispone de toda la información que debe tener, antes de empezar a tomar cualquier decisión:

«En comparación con hace cinco minutos, la *diferencia* con lo que estoy sintiendo en el cuerpo es .... y la "diferencia" con lo que estoy pensando es .... y la "diferencia" con lo que estoy viendo delante mío es .... y la "diferencia" con lo que estoy viendo con los ojos de la mente es ....»

El motivo por el que este ejercicio puede parecer difícil es que usted está, desde la primera posición, reuniendo montones de información que no tenía previamente «delante de la mente». Está buscando y ahondando.

Tercera parte

Se lo vamos a poner un poco más difícil. Limítese a fijarse en usted mismo en este momento. ¿Qué le está ocurriendo, en este momento? ¿Está siendo sentencioso respecto al tema de las percepciones o está intrigado? En cualquier caso, ¿qué es lo que nota respecto a ello y cómo podría llegar a influenciar en su propia adquisición de información? ¿En qué datos específicos podría fijarse en el futuro y, en ese momento, trabajar con ellos?

Fijarse en los patrones

¿Sus clientes «tienden» a pensar y actuar de acuerdo con la imagen general o con los detalles? ¿Están más motivados por perseguir algo positivo que desean o, más bien, prefieren mantener, o no quieren perder lo que poseen? (es decir, ¿se decantan por el «acercamiento» o por el «alejamiento»?) ¿Les resulta más sencillo estar en la primera posición o están más inclinados por el bienestar de las otras personas? ¿Adoptan bastante o demasiado la segunda posición en favor de sus propios objetivos? ¿Tienen una inclinación hacia un lenguaje sensorial que sería útil que usted captara para crear un mejor entendimiento?

¿Existen patrones en sus vidas, repeticiones de estrategias de éxitos o fracasos que podrían tener en cuenta u omitir de lo que quieren lograr, pero en los que no se habían fijado previamente?

Análisis contrastivo

Habrá algunos patrones de conducta que los clientes siempre habrán hecho bien y otros que puede ser que nunca hayan hecho bien. El próximo ejercicio es una forma de transferir su propia fórmula de éxito a cualquier situación. Les permite a los clientes identificar sus propias «reglas de oro para el éxito».

1. Identificar el contexto preciso que los clientes quieren analizar, ya que estas «reglas de oro» podrían ser muy diferentes en contextos distintos. (Le ofrecemos nueve ejemplos posibles. El contexto podría ser conocer a personas, o presentarse, o negociar. Podría ser sentirse seguro, tranquilo, o profesional. Podría ser el trabajo en general, la casa en general, o la vida en general.)

2. Tome una hoja de papel y dibuje dos líneas, una horizontal y la otra vertical, de modo que tenga la página dividida en cuatro secciones iguales. En el punto de unión de estas líneas, dibuje una elipse del tamaño de un huevo.

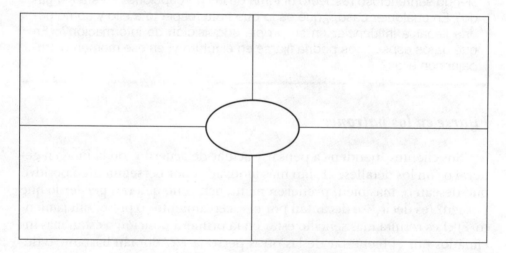

3. **Situación 1**: Invite a los clientes a pensar en una situación concreta en un contexto en el que hayan triunfado. Invítelos a pensar concienzudamente. Consiga que se imaginen haciendo lo que estaban haciendo, a través de sus propios ojos, desde los ojos de otras personas que se encontraban en esa situación, y desde la perspectiva de una mosca-en-la-pared. Hágales escuchar lo que estaba ocurriendo

y sentirlo. Fíjese en todos y cada uno de los detalles, sean grandes o pequeños, que contribuyeron a que esta situación terminase bien para ellos. Revise las áreas de «acercamiento» del paso A: ¿qué es exactamente lo que estaban pensando, sintiendo, creyendo que era cierto, esperando? ¿Qué papel estaban interpretando?

4. En el cuadrante de la parte superior izquierda de la página, hágales anotar todo lo que puedan sobre lo que contribuyó a que la situación les saliera tan bien. (Deje el «huevo» vacío en medio, para más adelante.)

5. **Situación 2**: Ahora, hágales pensar en un segundo ejemplo de una situación en el mismo contexto, pero una que acabara con «malos» resultados para ellos. Consiga que piensen en ella desde todas las perspectivas; no deje que insistan en sus sentimientos si no se sienten muy a gusto consigo mismos. Invítelos a fijarse otra vez en lo que vieron, oyeron, sintieron, desde las tres posiciones. Preguntas del paso A: ¿qué era lo que no tenían, o les faltaba, o no se les daba (en su interior o relacionado con información o habilidades)? ¿Qué es lo que creían que era cierto, les asustaba, o estaban esperando? ¿Qué estaba yendo contra sus valores o creencias? ¿Qué les estaba resultando difícil? ¿Qué fallaba en el dónde, el cuándo, el quién; qué otras personas les rodeaban o no les rodeaban? Y ¿qué estaba saliendo bien, aunque podría ser que no lo hubieran notado en ese momento?

6. A continuación, hágales escribir en el cuadrante de la parte superior derecha todo lo que puedan pensar sobre lo que contribuyó a que aquella situación les fuera mal.

7. Los clientes tendrán una elección para las dos próximas situaciones. O bien, pueden repetir el mismo proceso para situaciones similares en las que se vieran implicados, pero en otro momento y sitio, por ejemplo, si escogieron como contexto «reuniones de trabajo formales», podrían seleccionar para sus dos próximas situaciones reuniones formales «fuera del trabajo»; o bien, pueden elegir dos situaciones idénticas en las que se encontraran en las que «otra persona» las afrontara realmente bien o mal.

8. **Situaciones 3 y 4**: igual que para las anteriores 1 y 2.

9. A continuación, hágales respirar hondo y releer las cuatro secciones como si las hubiera escrito otra persona. Consiga que elijan los tres factores básicos que hicieron triunfar a esa situación individual y que

identifiquen las estrategias de «acercamiento» que les funcionaron a ellos, o a otras personas, y lo contrario de las estrategias de «alejamiento» que no funcionaron.

10. Hágales anotarlo en la elipse del centro de la página. Estas serán las «reglas de oro» para el éxito. Pueden llevar estas reglas de oro encima en una tarjeta, o colocarlas en su zona de trabajo. Y siempre pueden referirse a ellas y aplicarlas cuando quieran triunfar en el futuro.

11. Naturalmente, le sugerimos concederles, al menos, una noche de margen para comprobar que sean exactamente los puntos que deberían ser, y dejarles revisitarlos de vez en cuando para hacer los ajustes adecuados.

Este análisis abarca muchas de las características de la técnica ABC, de una forma que construye un modelo de cómo el cliente define el «éxito» para una situación concreta.

Marcar el ritmo

¿Alguna vez sentado en un restaurante o en una sala de un aeropuerto, ha observado cómo la gente se llevaba bien a pesar de que no podían oír lo que estaban diciéndose? ¿Ha estado en una habitación mientras otra persona está al teléfono y ha sabido con quién estaba hablando, aunque no haya citado su nombre? ¿Sabe cuándo le gusta a alguien, aunque no se lo haya confesado?

Lo que ocurre cuando las personas establecen una relación es que automáticamente concuerdan o se emulan una a otra de varias formas. Podemos decir si dos personas se llevan bien sólo fijándonos en su lenguaje corporal, la simetría de cómo se sientan, la forma como imitan gestos y movimientos. Si una cruza las piernas, la otra la sigue. Podemos decir a partir de la voz de una persona con quién está hablando, porque su voz sonará como la de la otra persona en muchos aspectos. Sólo tiene que escuchar a alguien que haya nacido en una zona con un acento regional muy marcado. Fíjese cómo se modifica este acento cuando encaja en un nuevo entorno. Perciba cómo vuelve a ser el mismo cuando regresa a su territorio natal.

Podemos usar este comportamiento que se produce naturalmente dentro de la práctica de *coaching*. En vez de esperar a que llegue la compenetración una vez la relación ya está formada, podemos invertir el proceso. Al concordar deliberadamente, podemos empujar la relación que, de otro modo, tardaría un tiempo en formarse, para que se desarrolle más rápidamente. Podemos acortar el compás del proceso si nos concienciamos de esta relación natural y proceso de vinculación.

No sólo podemos igualar las cualidades de la voz y la postura del cliente, también podemos armonizarnos con sus movimientos, ritmo respiratorio y vocabulario.

Cuando se haya desarrollado este vínculo, entonces se encontrará en la posición para avanzar al mismo ritmo que su cliente. Es como si estuviera corriendo en el parque y se encontrara con el cliente. Corre a su lado y adopta su paso y ritmo de carrera. Mientras corre y mantiene la velocidad a la que el cliente quiere correr, sus patrones de progreso pasarán a ser los mismos. El ritmo al que respiran será parecido.

Fíjese en el ritmo de sus clientes y manténgalo. Pero sea prudente en no parecer demasiado deliberado o meticuloso. La concordancia puede caer en la imitación y perder su valor. Las imitaciones pueden ser un obstáculo para la relación.

CONSEJO

Levánteme la voz

Si alguien está enfadado, no tiene que marcar el ritmo de su malhumor, sino que podría marcar el ritmo de la energía del enfado y sentirse, usted, con un poco más de energía. Quizá podría intentar levantarse o elevar un poco el volumen. No tiene que recorrer todo el camino, sólo moverse en su dirección.

Lo opuesto es imaginarse a una persona que cada vez chilla más, y otra que quiere tranquilizar pausadamente la situación. La persona que «está» enfadada no está recibiendo ninguna señal de que «le estén marcando el ritmo» o de que la «estén reconociendo», por lo que incrementa el volumen en un intento de seguir adelante. La persona tranquila tiene que limitarse a aumentar su energía un poco por encima de lo normal, para ser percibida y «seguir adelante».

Marcar el ritmo de una persona «asustada», «sola», «avergonzada»

Existen ciertos aspectos de la experiencia de un cliente a los que puede ser que no quiera marcar el ritmo a través de la armonización. Molestarse cuando el cliente está molesto negaría su estado mental y haría menos útil su apoyo al cliente. Del mismo modo, si los clientes están asustados, alarmados o avergonzados, estas son experiencias que es posible que usted no desee vivir, y como *coach*, está claro que no necesita hacerlo. En este tipo de posición, ¿marcarles el ritmo es totalmente imposible? Está claro que no; perderíamos nuestra reputación por empatía si negáramos o ignoráramos su «estado», porque, después de todo, ¿no es cierto que podemos encontrar «algo» a lo cual marcar el ritmo en cada situación?

Marcar el ritmo de algunas personas en este tipo de circunstancias es suficiente para reconocer sus experiencias, sin hacerlas coincidir con la suya propia.

CONSEJO

Estoy de su parte

Quizá pueda marcar el ritmo de lo obvio, desde la primera o la tercera posición, o ambas; por ejemplo: «Reconozco que las situaciones como estas pueden dar mucho, mucho miedo». Haber reconocido su experiencia será suficiente.

CONSEJO

Vayamos juntos

Como en el caso de disculparse (página 110), avance para evitar que los clientes reexperimenten emociones pasadas; por ejemplo, «Reconozco que situaciones como esta pueden dar mucho, mucho miedo». (Pausa: uno, dos). «Entonces, ¿qué es lo mejor que "podría" estar sintiendo en una situación así?»

> **CONSEJO**
>
> *Interrogantes*
>
> Para tener un efecto mayor, utilice frases interrogantes. Es decir, añadir coletillas como «¿verdad que...?» o «¿no es cierto que...?», lo que pondrá a los clientes en un dilema útil a partir del cual podrán avanzar. Por ejemplo: «¿Verdad que estar avergonzado por esto no es una sensación agradable?» o «¿No es cierto que podría hacerlo mejor?».

Evite poner en segunda posición estas emociones, es decir, evite «Sí, ya puedo imaginarme lo horrible que es para usted», o «Sé "exactamente" lo mal que se siente». Si algo no es agradable, ¿por qué motivar a que sus clientes se explayen en ello, o que le discutan su opinión sobre sus realidades, o sobre si sabe o no sabe "exactamente" cómo se sienten? Y en cualquier caso, ¿y qué?

Verbal / no verbal

Cuando conversamos con alguien, los mensajes que transmitimos vienen en tres formas distintas: las palabras que usamos, la calidad y la entonación de nuestra voz, y nuestro lenguaje corporal (palabras, música y danza). Recuerde una situación en la que alguien le contara algo y usted, simplemente, no se lo creyera. Las palabras es posible que sean correctas, pero hay algo en la forma como se expresan que le hace dudar. ¿Alguna vez alguien le ha confesado que le quiere y usted ha sabido inmediatamente que no era así? ¿Alguien le ha revelado alguna vez que tenía buenas sensaciones para el futuro y ha sabido que estaba asustado?

Sólo «una parte» del sentido de nuestra comunicación proviene de las palabras que usamos. «Otra parte» proviene de la calidad de nuestras voces, la entonación y la convicción que proyectamos. Y «otra parte» proviene de nuestro lenguaje corporal.

Por este motivo, el contacto visual y las expresiones faciales son tan importantes. No importa lo que diga si la forma como lo expresa contradice las palabras, y el receptor recibe mensajes contradictorios o que están en conflicto (léase el Consejo: «Mensajes contradictorios», pág. 84).

Del mismo modo, también es imprescindible leer los mensajes no verbales transmitidos por los clientes. Sin duda, escuchar sus palabras, creerlas, confiar en ellas. Pero si le da la impresión de que los mensajes no verbales no se corresponden con las palabras usadas, entonces compruebe qué sucede. No tenga miedo de ahondar más. Si los clientes emplean palabras que expresan convicción, pero su impresión a partir de las señales no verbales es que el nivel de convicción es el que «desearían» tener, plantéeles algunas preguntas de seguimiento hasta que llegue al punto en que las palabras y las señales no verbales expresen lo mismo.

Si quiere que alguien «capte el mensaje», entonces asegúrese de que su voz y el lenguaje corporal llevan el mismo mensaje que las palabras. Si existe una incongruencia entre sus palabras y los mensajes no verbales, será el mensaje no verbal el que se transmitirá con más fuerza. Se precisa un actor bien dotado para esconder los sentimientos reales del cuerpo completa y convincentemente. Ser honesto, o mostrar una perspectiva honesta, garantizará que el mensaje se percibirá como congruentemente alineado.

Ejemplo: «Profesionales»

Cuando se filmó *Los niños de Brasil*, se anunció que Dustin Hoffman había desaparecido un par de días antes de rodar su importante escena de tortura. Todo el mundo estaba muy preocupado hasta que apareció en el plató, a tiempo, con un aspecto completamente desaliñado. Después de que la escena fuera rodada, Sir Lauren Olivier apartó a Hoffman a un lado y le preguntó: «Pero, chico, ¿dónde estabas? Estábamos tan preocupados...». Hoffman respondió que se había estado preparando psicológicamente para la escena, para meterse en el papel de torturado, sin comer ni dormir ni beber, como lo habría estado el personaje. «¡Pero, hombre –replicó Olivier, preocupado–, ¿no habías pensado en (pausa corta) actuar?!»

Ejercicio: «El contacto en primera persona»

Intente contarle algo a alguien, cualquier cosa en la que crea o que desee verdaderamente, y empiece con «Yo...» sin mantener un contacto visual con esa persona, y pregúntele lo convencido que estaba y cómo ha llegado a esa conclusión exactamente. Es bastante imposible dejarse convencer desde la primera posición sin ponerse también «uno mismo» en la situación.

Cuestionar

¿Cuál es la importancia de plantear preguntas? ¿Qué está intentando lograr? Depende del contexto. Un buen abogado defensor hará preguntas a los testigos sólo: 1) si sabe cuáles van a ser las respuestas, y 2) si sabe que esa respuesta le ayudará a conquistar a sus clientes. Un médico planteará preguntas de la forma que sea más conveniente para el diagnóstico. Un periodista preguntará para averiguar hechos o descubrir un punto de vista de una historia. Un vendedor podría hacer preguntas que guiaran a un cliente hacia la compra de su producto.

Las preguntas pueden convenir a los resultados de la persona que las plantea o de la persona que las responde. En el proyecto de *coaching*, las cuestiones deberían convenir a los resultados tanto del *coach* como del cliente, porque sus resultados serán compatibles, si no los mismos.

Existen dos maneras de plantear preguntas. La primera es llegar a la verdad para sus clientes. La segunda consiste en hacerles decir lo que usted quiere que digan, o lo que sería conveniente que usted escuchara.

En las sesiones de *coaching*, es importante plantear las cuestiones de la primera manera, lo que permitirá que usted y los clientes tengan una representación compartida de lo que es cierto para los clientes:

- Sus cuestiones pueden actuar como conejillo de indias; por ejemplo: «¿Le entendí bien cuando me contó X?».

- Pueden provocar que los clientes confiesen sus propios pensamientos y sentimientos haciéndoles adoptar la primera posición; por ejemplo: «¿En qué estaba usted pensando?» se interioriza como «¿Qué estaba yo pensando?».

- Puede ser que les plantee preguntas que les empujen a adoptar la segunda posición, a observar la situación desde la perspectiva de otra persona; por ejemplo: «¿Cómo imagina que podría llegar a responder cada uno de los miembros del equipo?».

- Es posible que les formule una pregunta que les haga ver la situación objetivamente, desde la tercera posición, como si estuvieran fuera de ella; por ejemplo, «¿Cómo podría describirse la situación desapasionadamente?».

- Podría plantear cuestiones que les ayudaran a cambiar, o a encontrarles alternativas, conductas indeseadas.

- Es probable que les haga preguntas que les ayuden a hacer planes para el futuro.

Todas estas cuestiones, sin embargo, deberían buscar la verdad del cliente.

Preguntas abiertas

Principalmente, debería basarse en «preguntas abiertas». Estas son cuestiones que empiezan con qué, dónde, quién, cuál, cuándo y cómo. Las preguntas abiertas no se pueden responder con un sí o un no. Exigen respuestas más completas, porque son «invitaciones a la consideración». Un ejemplo sería «¿Y qué más podría añadir?».

Preguntas cerradas

Estas pueden ser contestadas con un sí o un no. «¿Fue de vacaciones?», o «¿Quiere agregar algo más?», o «¿Va todo bien?» son algunos ejemplos. El riesgo potencial de las preguntas cerradas es que pueden motivar a los clientes a responder sí o no, cuando la verdad reside en algún lugar entremedio. «¿Quiere triunfar con este trabajo?» alienta a responder de un modo o de otro. No les permite desdibujar los detalles en el área gris de en medio.

Caso de estudio: «No mucho»

A un amigo nuestro que consume 14 cervezas al día, le preguntaron si bebía mucho. Respondió, sin vacilación, que no. Desde su punto de vista, su nivel de consumo no era excesivo. En una situación de *coaching*, este tipo de pregunta y respuesta dejaría al *coach* y al cliente con ideas totalmente distintas sobre lo mucho que bebía.

> **CONSEJO**
>
> *¿Está usted del todo seguro?*
>
> La respuesta a una pregunta del tipo «¿Es ambicioso o se describiría a sí mismo como ambicioso?» crea un espacio para que el *coach* infiera su propia definición de ambición. Mucho mejor plantear: «¿Qué grado de ambición posee y cómo demostraría ese nivel de ambición?».

Tenga cuidado con las preguntas «¿Por qué?»

En las sesiones de *coaching*, trate con precaución las preguntas «¿por qué?». Úselas sólo cuando tenga un propósito específico en mente. Estas preguntas buscan las razones fundamentales que existen detrás de los hechos.

«¿Por qué fue allí de vacaciones?» exige que se expongan los pensamientos que se encuentran tras esa decisión. Como tal, pueden ser desafiantes. Las preguntas «¿por qué?» pueden provocar que los clientes se pongan a la defensiva y sientan la necesidad de justificar sus procesos de pensamiento.

En cambio, «¿"Dónde" fue de vacaciones?» le proporcionará los hechos sobre el destino de las vacaciones, o «¿"Cómo" decidió ir allí?» permitirá que los clientes describan cómo hicieron su elección.

A pesar de que puede que haya una ocasión para el reto de un «¿por qué?», plantéelo con un propósito y no por error. Use «por qué» cuando sea útil que sus clientes comprendan sus propias razones fundamentales.

> **CONSEJO**
>
> *¿Por qué no «porque»?*
>
> Una amiga nuestra se encontraba en una reunión odiosa. Los argumentos se disparaban acá y allá. El ambiente se iba caldeando. Otra persona del grupo hizo una afirmación escandalosa, que dejó pasmado al resto del grupo. Y nuestra amiga ladeó la cabeza, sonrió, y preguntó amablemente «¿Debido a qué...?». El grupo se tranquilizó, se volvió pensativo y siguió para considerar su razonamiento. Esto fue enormemente eficaz y contrasta con las explosiones de las que hemos sido testigo cuando alguien lanzaba la pregunta «¿por qué?» en una discusión.

Metáforas, anécdotas e historias

En el proceso de *coaching*, una metáfora puede que ayude a los clientes a adoptar una perspectiva más imparcial u objetiva de la situación actual. A veces, sus circunstancias pueden ser dolorosas y ese dolor podría nublar sus ideas y objetividad. Y en este tipo de situaciones, es difícil «separar el grano de la paja».

Las metáforas, anécdotas e historias crean una comprensión y un aprendizaje que, por lo general, necesitarían muchas más palabras. Suelen ser «imágenes generales», que precisan que los individuos completen los detalles por sí mismos.

Por ejemplo, cuando alguien progresa «como una bocanada de aire fresco», no necesitamos más interpretaciones para saber que ha traído novedades agradables y que son bienvenidas. Si cae «como una jarra de agua fría», sabemos que la experiencia es dolorosa, peligrosa y mal recibida.

Las metáforas crean una interpretación de una experiencia directa haciéndole salir y rodear esa experiencia para proporcionarle una comparación. Y usted sacará sus propias conclusiones, en lugar de que le señalen que debe concluir.

Caso de estudio: «El peso de la brigada»

Robin estaba trabajando con el personal de ventas de una empresa. Este grupo de personas había estado muy mal dirigido, no había comunicación con las esferas superiores, no tenía ni idea de para qué planificación empresarial estaba trabajando, los miembros del grupo se sentían como si sus bienestares no fueran importantes y no tenían ninguna expectativa de éxito.

Cuando el director de ventas le preguntó a Robin qué pensaba del personal como grupo y si estaban reaccionando bien a la formación, Robin tan sólo le dijo que era como enseñar a la Brigada de caballería ligera[1] a cargar más rápido. Esa descripción tuvo más impacto que si hubiera entrado en los detalles específicos de sus problemas. Provocó que el director se abriera y se mostrara receptivo a nuestras recomendaciones. El lugar común de la Brigada de caballería ligera y su papel en los desastres de la historia militar inglesa comunicó metafóricamente el estado problemático que vivía el personal de ventas en ese momento.

---

1. La carga de la Brigada de caballería ligera hace referencia a la derrota que sufrieron varios regimientos de caballería ingleses frente a los rusos en la batalla de Balaklawa, durante la Guerra de Crimea.

CONSEJO

Hágalo usted mismo

También es eficaz pedirles a los clientes que creen metáforas. En lugar de preguntarles cuál es su situación actual, pregúnteles: «Si representara esa situación a través de una imagen o un objeto, ¿cuál sería?». Pídales que expliquen el primer ejemplo que les venga a la cabeza, y luego comenten qué existe en la metáfora que hace que sea representativa de la situación del cliente.

Caso de estudio: «Descenso por la barra»

Robin impartió recientemente un cursillo sobre cómo afrontar la política de empresa y les pidió a todos los delegados que crearan metáforas de sí mismos como políticos. Los resultados fueron tanto divertidos como reveladores. Al pedir una metáfora se traspasa la lógica y uno se acerca más a un conocimiento instintivo. Muy a menudo, puede ser que estas metáforas no tengan ningún sentido para el *coach* hasta que el cliente empiece a analizarlas.

Una persona del grupo, cuando se le pidió una metáfora de sí misma como política, se autodescribió como la barra del parque de bomberos. No fue hasta que Robin indagó delicadamente que descubrió que su estrategia había sido alejarse de la política tan rápido como podía, lo que sólo la llevaba a problemas mayores.

Ejemplo: «La metáfora de los sándwiches»

Solemos pedirles a los clientes que describan la imagen u objeto que les venga en mente

1) para describir una situación real, y 2) cómo les gustaría que fuera.

Algunos ejemplos han sido:

1) un enredo de gomas elásticas, y 2) una bola de gomas elásticas perfecta;
2) una bolsa de ingredientes culinarios, y 2) la comida de un gourmet;
3) un muñeco de vudú lleno de agujas, y 2) un suave osito de peluche.

Después, sencillamente, les planteamos las cuestiones del paso 3: ¿«cómo» podrían conseguir que ocurriera esta transición de 1 a 2?

Reflexionar

Se suele denominar «pensamiento» al hecho de intentar darle sentido a lo que ha ocurrido. Es como juntar las piezas de un puzzle. Es una parte esencial de la mayoría de teorías de aprendizaje, y normalmente está ausente en muchas empresas. Puede ser muy tentador contentarse con correr de una reunión a la siguiente, sin aprender nada.

> **CONSEJO**
>
> *Evaluación de lo positivo*
>
> Después de una mala reunión, uno suele querer una «evaluación de los puntos negativos» para saber qué ha salido mal y a quién culpar. Nosotros mismos, después de «todas» las reuniones, disfrutamos de una «evaluación de los puntos positivos». Reflexionamos sobre lo que hicimos «bien». Y sobre lo que podría salir aún mejor, en la próxima reunión.

Visualización

Al elegir un sombrero nuevo, es adecuado probárselo para comprobar si es de nuestra talla antes de comprarlo. Solo podemos afirmar que nos sienta bien haciéndolo, y si es del color adecuado para combinar con el resto del ropero. Lo mismo es aplicable a una nueva conducta. La forma de hacerlo es, simplemente, visualizarse a uno mismo usando el nuevo comportamiento.

Los deportistas lo hacen a cada momento. Se ven a ellos mismos en la carrera o en el evento, e imaginan la acción perfecta una y otra vez. A medida que la mente y la memoria se acostumbran a esta técnica perfecta, estas imágenes de perfección son absorbidas por los músculos y guían al cuerpo para que les siga.

Cuando haya decidido un cambio o una mejora, sopéselo. Imagínese a sí mismo realizándolo. Imagínese a sí mismo desde un punto de vista objetivo. Imagínese a sí mismo observándose desde su interior, desde una visión subjetiva. Cuanto más se imagine la perfección, más perfecta se volverá ésta.

Ejemplo: «Conseguir el oro»

Un decatleta reconocido llevó este principio un paso más adelante. Como el salto de pértiga puede ser un paso fundamental dentro de las diez disciplinas, era imprescindible que nunca fallara. Tenía una visión de «alejamiento» clara en relación con el salto de pértiga.

Después de aprender el concepto de la visualización, solía lograr imaginarse a sí mismo habiendo fallado dos intentos, y sabía que si marraba en el tercer intento estaría fuera de la competición. Entonces, se imaginaba a sí mismo: 1) sintiendo el estrés de este último intento, y 2) superando el listón. Esto le hizo sentirse acostumbrado a lograr su resultado a través de la visualización. Su medalla de oro olímpica valida su forma de prepararse para los acontecimientos deportivos.

Ejemplo: «Gracias por los recuerdos»

También puede usar la visualización para aprender a partir de sus recuerdos de una forma positiva. Si se reúne con personas y quiere afinar sus habilidades del cara a cara, siempre que salga de una reunión, siéntese tranquilamente y reflexione; vuelva a retransmitir la reunión dentro de la cabeza, como si fuera una grabación de vídeo. Fíjese dónde y cuándo podría haberlo hecho mejor y fíjese en cómo puede mejorar. Cuando haya visto toda la cinta, repita el proceso, y en esta ocasión infiera sólo las conductas mejoradas que utilizaría si le volvieran a dar la oportunidad.

Al hacer esto, guardará unos recuerdos más útiles de la reunión, e integrará sus reflexiones y aprendizajes del acontecimiento. Y será más probable que utilice las conductas eficaces en el futuro.

Ejemplo: «Encajar en el papel»

Si tiene que elegir un conjunto para vestirse, visualice una sucesión de imágenes con opciones distintas en cada una de ellas. Sea todo lo creativo que quiera. Cuando tenga la sucesión de imágenes, obsérvelas objetivamente y escoja qué combinaciones serían más convenientes. ¿Cuáles le sientan mejor? ¿Cuáles le resultan más cómodas? ¿Cuáles se ven mejor cuando se pone en la piel de otra persona que estará cuando lleve ese conjunto? Puede aplicar este proceso de imágenes a cualquier decisión que desee tomar.

> **Ejemplo: «Como si hubiera nacido para ello»**
>
> Piense en una reunión a la que tenga que asistir y para la que no esté seguro de qué estilo de conducta adoptar. Anote sus opciones. ¿Quiere mostrarse confiado, humilde, positivo, agresivo o cómo? Después, visualícese a sí mismo en su imaginación adoptando estas conductas distintas, una cada vez, cada una de ellas en su propia pantalla de televisión o cine. Escoja la que parezca, suene y le haga sentir mejor en su imaginación. Es probable que sea la que le funcionará mejor en la vida real.

Autoevaluación, seguimiento del progreso, vigilancia de uno mismo

Las mejoras son un espiral valorativo basado en: 1) planificar, 2) obrar de acuerdo con los planes, y 3) evaluarlos para volver a iniciarlo.

Por este motivo, es esencial que se vigile a sí mismo constantemente. Si se mantiene mentalmente fuera de sí mismo, al mismo tiempo que experimenta nuevas conductas desde dentro, se formará una idea objetiva y una subjetiva de lo que está haciendo. Es como tener una cámara de vídeo constantemente detrás suyo para complementar su experiencia subjetiva. Habrá comportamientos que serán perfectos desde el principio y que seguirán siéndolo. Habrá otros que tendrán que ponerse en práctica hasta que se interioricen. Controle lo que hace bien. Construya áreas en las que pueda llegar a ser aún mejor. Empiece un viaje hacia el destino que haya elegido y disfrute del paseo por el camino. No deje de preguntarse «¿Qué podría mejorar?».

Feedforward

Muchos modelos de *coaching* defienden que, independientemente de cuáles sean las circunstancias, el *coach* nunca debería hacer sugerencias sobre las futuras acciones del cliente. A pesar de que podría llevar muchas horas lograrlo, el cliente debería ser la única persona que tomara decisiones sobre su futuro. Estamos de acuerdo con este principio, pero también nos hemos dado cuenta de que, a menudo, la gente «realmente» se queda sin ideas, ni tiempo, la materia prima para tomar decisiones.

El *feedforward* es una forma estructurada de ayudar a los clientes a «dar con» ideas. Puede intervenir cuando los clientes no tengan ninguna idea de qué hacer en el futuro, o de cómo hacerlo.

Es una variante segura y no aburrida de lluvia de ideas en la que el *coach* participa para presentarles a los clientes sugerencias entre las que podrán elegir y a las que pueden sumarse. No significa que el *coach* exprese lo que haría si estuviera en la situación del cliente. Implica que el *coach* adopte la segunda postura del cliente, se ponga en la perspectiva del cliente, para ofrecerle ideas que podrían atraerle.

Además, puede divertirse en este proceso y permitir que sus ideas horroricen, así como también atraigan, porque una idea respecto a la que el cliente desee «alejarse» podría «acercarle» a una idea nueva de su propia cosecha. Y el trabajo es ofrecer muchas ideas sin censurar lo que dice, porque no hay manera de saber qué será lo atrayente.

Una de las claves del *feedforward* es que las ideas «no» se presenten de modo que el cliente se sienta obligado a aceptarlas:

1. Primero, compruebe con los clientes que quieren que se les ofrezcan algunas ideas sobre el futuro.

2. Después, proponga sugerencias de un modo discreto, en el momento oportuno, adelantando cada sugerencia con un «quizá podría...», o «posiblemente podría...», para evitar que se entiendan como obligaciones o «deberes».

3. También es útil acordar que después de cada idea que presente, los clientes digan simplemente «gracias». De este modo, no hay necesidad alguna de adentrarse en debates eternos sobre lo que han probado hasta ese momento.

4. Deje que retengan cada sugerencia, y esté preparado para exponer, al menos, 20 ideas en dos o tres minutos. Querrá que, como mínimo, los clientes obtengan tres que les atraigan, entre las que podrán escoger más adelante.

5. Después de cada docena de ideas, pregunte: «¿Se ha quedado con tres o cuatro ideas que valga la pena tener en consideración?».

6. Si la respuesta es afirmativa, habrá terminado y no hará falta que sepa, necesariamente, cuáles son las ideas atrayentes.

7. Anime a los clientes a que dejen descansar las ideas, para que puedan consultarlo con la almohada y quizá sumarse a ellas.
8. Si contestan que no tienen tres o cuatro ideas que les atraigan, pregúnteles si quieren seguir con ello, o si quieren cambiar sus instrucciones.

El *feedforward* no es una forma de «lo que debería hacer es...», es un proceso consistente en estimular la toma de decisiones de los clientes al procurarles nuevas perspectivas para pensar.

CONSEJO

Marcos para cuadros

A continuación, le presentamos una técnica que ayuda a volverse objetivo y menos emotivo sobre las decisiones que se quieren tomar. Funciona del mismo modo que el *feedforward*, presentar opciones entre las cuales escoger. Recuerde que si sólo dispone de una opción, se convertirá en una obligación. Tener dos opciones creará un dilema. La elección verdadera solo existe cuando uno dispone de tres o más opciones.

Si se caracteriza por no ser muy visual en sus preferencias sensoriales, hágalo ver durante este ejercicio:

1. Defina sus resultados. Use el paso B si quiere, por ejemplo: «Quiero sentirme cómodo en las reuniones semanales».
2. Describa qué quiere obtener del proceso, por ejemplo: «Quiero algunas ideas sobre lo que podría hacer». O «Sé *qué* quiero, pero quiero algunas ideas sobre cómo conseguir que ocurra».
3. Después, imagine al menos seis marcos idénticos para cuadros, colgados de la pared, esperando a ser llenados. En cada uno de los marcos, coloque una imagen de lo que «podría» hacer o decir, dejar de hacer o dejar de decir, para mejorar esa situación.
4. Siga llenando los marcos vacíos hasta que encuentre tres o más que se merezcan un intento, y luego déjelos reposar, para contemplar qué otras ideas le vienen a la mente.

Proporcionar observaciones a los clientes

Como acabamos de ver, mostrar sugerencias para una situación puede facilitarse a través de prefacios suaves como «quizá podría», o «a lo mejor podría llegar a», o «me pregunto si ha considerado».

En algunas ocasiones, las conductas de los clientes podrían haber estado molestando a otras personas, ellos no son conscientes de que esto está ocurriendo y usted cree que podrían beneficiarse al saberlo. En esas circunstancias, la comprensión de que habían estado molestando podría recibirse como un «shock» desagradable. Como *coach*, es posible que quiera eliminar ese «shock» y hacer que tomen conciencia de esas conductas antes de que otra persona se lo haga saber.

Cuando esto suceda, use el proceso siguiente, basado en una combinación de los principios de las comunicaciones tranquilas (página 101) y del *feedforward*:

1. Exprese lo que ha notado sobre el comportamiento del cliente y las reacciones de los demás.

2. Explique cómo ha reaccionado usted mismo a ello.

3. Cuente por qué apreciaría que esa conducta se cambiara, usando uno de sus valores de máximo nivel.

4. Pida al cliente que considere conductas alternativas que sustituyan a las otras. Ofrézcale tres, como mínimo, para permitirle que empiece a elegir por sí mismo.

> **Ejemplo: «Mire lo que he sentido»**
>
> 1. He notado que cuando está enfadado, ignora cómo se ven afectadas otras personas por su malhumor.
>
> 2. Esto me hace sentir triste y frustrado.
>
> 3. Porque necesito notar que nuestro trabajo juntos tiene una importancia para usted y para los demás.
>
> 4. Por tanto, le pido que tome conciencia de los sentimientos de las otras personas, aunque no esté enfadado. O, quizá, podría marcar el ritmo de su malhumor alegando algo como «Lo siento, ahora mismo estoy muy enfadado, mejor que retomemos la cuestión más tarde». ¿Se ha planteado de qué posición proviene su enfado? ¿A lo mejor, de la primera posición: malhumor en su interior? ¿Segunda posición: malhumor de parte de otra persona? ¿Podría llegar a salir beneficiada la situación de que usted la abordara desapasionadamente, pongamos, a partir de la tercera posición?

Reacciones versus respuestas

Es muy habitual que las personas se «comporten» tal como se sienten. Por ejemplo, alguien está muy enfadado y explota (metáfora). O alguien se siente muy dolido y, por tanto, «perjudica» a los demás.

Nos hemos dado cuenta de que existen tres pasos en este proceso:

1. Algo sucede.
2. Las sustancias químicas inundan el cuerpo, por ejemplo, sustancias químicas de «malhumor», de «dolor».
3. Nuestra conducta «hace» lo que las sustancias químicas nos están infligiendo dentro del cuerpo.

CONSEJO

Cuente hasta diez

Intente interrumpir este proceso para poder escoger cómo y cuándo quiere responder a él, en lugar de «¡dejarse elegir por él!».

1. Algo sucede (como en el proceso anterior).
2. Las sustancias químicas le inundan el cuerpo, por ejemplo, sustancias químicas de «malhumor», de «dolor» (como en el proceso anterior).
3. Nos tomamos «tiempo muerto» y lo percibimos, marcando el ritmo de lo que está sucediendo en nuestro interior, sin intentar responder simultáneamente desde el exterior. Nos damos cuenta de que no tiene sentido decir o hacer nada hasta que las sustancias químicas disminuyan, ya que sólo será un reflejo de lo que ya ha ocurrido, y no un movimiento hacia adelante constructivo.
4. Cuando las sustancias químicas disminuyen, como harán después de diez segundos, más o menos, entonces podemos elegir cuál y hacia dónde será nuestra respuesta. De aquí, seguramente, es de donde procede el viejo consejo de «contar hasta diez, antes de hablar».

Quizá esté pensando que las sustancias químicas seguirán corriendo por sus venas mucho después de que los diez segundos hayan pasado, incluso después de diez años, en algunos casos. Vuelva a pensar. Sus sentimientos químicos (por ejemplo, malhumor, dolor) seguramente habrán generado pensamientos (por ejemplo, venganza, inadecuación). Pero advierta que la venganza y la inadecuación se encuentran de los hombros hacia arriba, no hacia abajo. Son pensamientos, no sentimientos, aunque también generarán sus propios sentimientos de segunda generación, los cuales, a su vez, perpetuarán los pensamientos.

> **Ejemplo: «Sin arrepentirse»**
>
> 1. Algo ocurre.
> 2. Recibe una corriente de sustancias químicas como consecuencia.
> 3. Reconoce, por ejemplo, «¡Caramba!, esto realmente sienta como una patada en el estómago: necesito interiorizarlo, y luego volveré a hablar con usted». O, «Estoy enfadado con esa afirmación suya. Cuando pueda volver a concentrarme, nos centraremos en las implicaciones».
>
> Sólo está marcándose el ritmo a sí mismo, y optando por responder cuando tenga los recursos para hacerlo. Quizá podría intentar con el *feedforward* (página 136) para elaborar su respuesta, por ejemplo: «¿Quizá podría...?», «¿A lo mejor convendría...?».

6
La técnica ABC: cómo funciona

Para ofrecerle una visión más completa de la técnica ABC, volveremos a pasar por los pasos ABC, y esta vez sólo explicaremos en profundidad cómo funciona cada sección. Es posible que simplemente le interese saber la forma como actúa. O podría serle útil para apreciar lo que se encuentra bajo la superficie cuando la está usando.

Análisis de la estructura de los tres pasos

Fíjese en que los pasos A y B se basan en el «qué», que van seguidos del paso C, el paso del «cómo».

Aprecie que el paso A es lo que «ocurrió» (pasado), y los pasos B y C son lo que «ocurrirá» o podría ocurrir (futuro), seguidos de «cómo» ocurrirá o podría ocurrir (de nuevo, en futuro).

Dése cuenta de que los pasos A y B transforman la «estructura» de la situación desde lo que era hasta lo que podría ser mejor, y que luego, el paso C añade contenido a la estructura para darle cuerpo y hacerla real. Nuestra experiencia muestra que la comprensión real y el cambio transformador real ocurrirán más bien al nivel de la estructura que al del contenido. Y después, vemos que la estructura llega más adelante en el nivel del «cómo», es decir, del contenido.

Note que no pedimos a los clientes «que nos cuenten algo sobre la situación», porque lo harán, lo más probable es que acaben haciéndolo, y entonces contraerán el síndrome del desmoronamiento (página 87) durante el proceso. No tiene sentido que repitan lo que entienden que no ha funcionado al nivel del contenido, porque esto no les ha ayudado a transformar la situación hasta el momento.

Paso A: Comprender la situación

A1 ¿Qué estaba *pensando* en esa situación?

A2 ¿Cómo se estaba *sintiendo* en esa situación?

A3 ¿Qué es lo que *necesitaba*, o no tenía, o le faltaba, o no se le daba?

A4 ¿Qué *papel* estaba desempeñando?

A5 ¿Qué es lo que creía que era cierto?

A6 Por tanto, ¿**qué título le daría a esa situación**, que la resumiera mejor?

Análisis

Estas seis cuestiones esenciales ayudarán a los clientes a comprender qué es lo que estaba ocurriendo exactamente en esa situación que provocó que terminara como lo hizo. Muy a menudo, les vendrá un flash de inspiración como: «Ah, "eso" es lo que estaba fallando»; por lo tanto, déjeles tiempo para que las percepciones cuajen antes de pasar a la siguiente pregunta.

De ningún modo, se aceptan las culpas. De hecho, suele valer la pena recordar a los clientes que hicieron todo lo que pudieron en esa situación, dados los recursos de los que disponían o el conocimiento que poseían. Y si volvieran a pasar por esa situación, sabiendo lo que sabían en ese momento, harían bien en tomar las mismas decisiones, ya que entonces no disponían de la perspectiva del tiempo. No fueron «estúpidos» ni «fracasados»; les faltaba la percepción retrospectiva, eso es todo.

Observe que todas las cuestiones y respuestas del paso A están en pasado. Si los clientes hablan como si la situación todavía «está» ocurriendo, mire a su alrededor y haga una comprobación de la realidad. ¿En este preciso momento? ¿O quiere decir que «ha ocurrido», quizá varias veces? Y que «se encontrará» en esa situación de nuevo. Pero, ¿verdad que está decidido a conseguir que termine de otro modo en el futuro? ¿Ya que se opone a «dejar que la situación lo elija a usted», otra vez?

Las respuestas de las preguntas A1-A6 definen «exhaustivamente» lo que no ha funcionado hasta el momento:

1. En el cuerpo, de hombros hacia arriba («pensamiento»).

2. En el cuerpo, de hombros hacia abajo («sentimientos»).

3. En ningún sitio («necesidad o pérdida»).

4. Entre el cuerpo y otros cuerpos, es decir, interactividad o sistematicidad («papel»).

5. La estructura subyacente que le dio sentido en todo momento («lo que se creía que es cierto»).

6. La suma global que resume su comprensión de la situación en este momento («título»).

El orden de las preguntas puede variarse del modo que resulte conveniente para los clientes, incluso se pueden obviar preguntas que les resulten demasiado difíciles y volver a ellas más adelante.

Pero, normalmente, el orden en el que están fluye hacia una conversación tranquila. Provocará que los clientes revivan la situación para detenerse en detalles que no habían percibido previamente. El paso termina con el «título», que podría llegar a ser humorístico o irónico. Esto logrará lo siguiente:

1. Devolver a los clientes al presente.

2. Con percepciones de cómo estaba estructurada exactamente la situación.

3. Un poco de curiosidad sobre cómo podría ser una estructura mejor.

4. Un sentimiento de conocimientos inferiores debido a:

5. Un tipo de negación de lo que estaban haciendo, que no les funcionó.

Creemos que aunque las situaciones hayan sido serias, no es necesario tratarlas con solemnidad. Si los clientes pueden ver el lado divertido de una situación, será positivo, porque es probable que haya habido muy poco humor anteriormente. Y si pueden ver el lado divertido, entonces podrán percibir también otros ángulos. Esto implicará que ahora podrán moverse dentro de la situación, en lugar de quedarse atrapados en ella. Ahora pueden empezar a tomar diferentes elecciones por sí mismos.

Las nueve preguntas adicionales sólo serán necesarias en contadas ocasiones, por ejemplo, en los casos en que es posible que la educación superficial entre usted y los clientes haya inhibido la recolección de datos sobre lo que estaba ocurriendo «realmente»:

A7 ¿De qué estaba asustado? ¿Qué daba miedo o era preocupante?

A8 ¿Qué estaba esperando? ¿Cuáles eran sus esperanzas?

A9 ¿Qué es lo que estaba yendo en contra de sus valores o creencias?

A10 ¿Qué era importante para usted? ¿Qué era importante?

A11 ¿Qué le estaba resultando difícil? ¿Cuáles eran las dificultades?

A12 ¿Qué destrezas le faltaban? ¿Qué habilidades se estaban pasando por alto?

A13 ¿Qué información estaba ignorando? ¿Qué información faltaba?

A14 ¿Qué estaba mal en el dónde, el cuándo, el quién; quién más estaba a su alrededor, o no lo estaba?

A15 ¿Y qué ESTABA saliendo bien, aunque pueda ser que no se hubiera percatado de ello en ese momento? ¿Qué MÁS estaba saliendo bien?

Análisis

Observe que las preguntas A7-A14 les darán permiso a los clientes para responder: o bien, desde la primera posición, en su propia piel (p. ej., ¿De qué estaba asustado? ¿Qué destrezas le faltaban?), o bien desde la tercera posición objetiva (p. ej., ¿Qué daba miedo? ¿Qué habilidades se estaban pasando por alto?), o bien, desde ambas. Según el cliente, preferirá facilitar información desde diferentes posiciones para empezar. Las respuestas desde la primera posición, no obstante, garantizan que se responsabilizan un poco de sus propias acciones, fueran voluntarias o involuntarias.

Advierta que estas preguntas presuponen que el cliente «estaba» asustado, le faltaban conocimientos o información, etcétera. Otorgan permiso para que los clientes lo reconozcan. Los clientes no necesitan armarse de valor para afrontarlo, ya que los habrá empujado a ello de una forma práctica. Y entonces habrá planteado preguntas abiertas para permitirles que analicen lo que les estaba ocurriendo «en realidad».

Perciba cómo estas cuestiones cubren todos los niveles neurológicos, para garantizar que nada se pasa por alto («alejamiento»), y –con la A15– que todo está incluido («acercamiento»).

Paso B: Comprender qué podría salir mejor

B1 ¿Qué es lo *mejor* que podría estar *pensando,* para lograr lo que desea en esa situación?

B2 ¿Qué es lo *mejor* que podría estar *sintiendo,* para lograr lo que desea en esa situación?

B3 ¿Cuál es el mejor *papel* **que podría estar interpretando,** para lograr lo que desea en esa situación?

B4 ¿Qué es lo mejor que podría haber creído que era cierto, para obtener lo que quiere en esa situación?

B5 Por tanto, ¿qué título le daría ahora a la situación?

Análisis

Se obtienen cinco categorías de datos que definirán la nueva estructura para esta situación, en vez de las seis categorías esenciales del paso A, ya que nada «se necesitará» o «faltará».

Dése cuenta de que en ningún momento preguntamos lo que los clientes quieren como meta, u objetivo, o propósito. Si hubieran sabido lo que querían, ya habrían solucionado esta situación.

Advierta que el paso B es, por lo tanto, lo que denominamos una «estructura de objetivos»: permite al cliente definir su representación de lo que quiere de un modo multidimensional y sólido:

1. En el cuerpo, de hombros hacia arriba («pensamiento»).

2. En el cuerpo, de hombros hacia abajo («sentimientos»).

3. En ningún sitio («necesidad o pérdida»).

4. Entre el cuerpo y otros cuerpos, es decir interactividad o sistematicidad («papel»).

5. La estructura subyacente que le da sentido en todo momento («lo que se cree que es cierto»).

6. El resumen global de todo lo anterior («título»).

Si los clientes se sienten satisfechos, simplemente con un objetivo definido, entonces el «título» podría resumir bien lo que quieren. Además, usted se quedará seguro de que ese objetivo surge como resultado de un proceso estructural bien fundado, en lugar de como un acto precipitado.

Sin embargo, es posible que algunos clientes prefieran que su objetivo no sea el título aparentemente sencillo, sino uno de los otros elementos. Por ejemplo, estar «pensando X» o «sintiendo Y» o interpretando un «papel» concreto, o «creyendo» que Z era cierto. Así es como esta estructura permite que cada cliente tenga como objetivo lo que más le convenga.

Algunos clientes preguntarán cómo pueden estar seguros de que esto permitirá que la situación tenga el resultado que desean. No pueden estar seguros; usted puede tranquilizarles. Sólo puede decirles que han hecho todo lo posible con la información disponible actualmente. Y si la situación sigue sin ser tan buena como querrían que fuera, o no lo bastante buena, pueden continuar con la técnica hasta lograr lo que desean. Si al principio no triunfa, ¡pruebe algo distinto!

También puede tranquilizarles alegando que si han experimentado esta situación muchas veces antes y todavía no la han solucionado, podría ser que necesitaran más de una vuelta para llegar exactamente adonde quieren ir.

Paso C: Comprender cómo podría salir mejor

Análisis

Este paso trata del «contenido», mientras que los dos pasos previos trataban sobre la «estructura». Fíjese en la palabra «exactamente» para animar a los clientes a concentrarse en ideas «pequeñas» para darle una forma más detallada a la raíz estructural de esta situación, para hacerla real:

C1 ¿Qué *hará*, o podría hacer, exactamente, para lograr lo que desea en esa situación?

C2 ¿Qué *se dirá*, o podría decirse, exactamente, a sí mismo o a otras personas, para obtener lo que desea en esa situación?

C3 ¿Qué cuestiones *se planteará*, o podría plantearse, a sí mismo o a otros, para lograr lo que desea en esa situación?

C4 ¿Qué *dejará*, o podría dejar, de hacer exactamente, para lograr lo que quiere en esa situación?

C5 ¿Qué *dejará*, **o podría dejar, de decirse exactamente**, para obtener lo que desea en esa situación?

C6 ¿Qué preguntas *dejará*, **o podría dejar, de hacerse**, a sí mismo o a otras personas, para lograr lo que desea en esa situación?

C7 ¿Qué **más tiene que ocurrir**, para que consiga lo que desea en esa situación?

Análisis

Observe que:

1. Lo único que otras personas pueden percibir es cómo nos comportamos, es decir, lo que escuchan de nuestra boca («decir») y lo que ven a través de nuestro cuerpo («hacer»).

2. Engloba conductas de «alejamiento» («deje de» decir y hacer), así como también conductas de «acercamiento» (decir y hacer). La mayoría de listas de acciones son sólo de «obligaciones».

3. Damos a los clientes la opción de cómo «actuarán» o «podrían actuar», de modo que puedan elegir la intensidad del sentimiento que les parezca mejor a ellos. No les presionamos a elaborar una lista de acciones «obligatorias», cuando podría ser más adecuado tomarse más tiempo para considerar las opciones antes de decidirse.

4. Lo que «decimos» pueden ser afirmaciones o preguntas.

5. Lo que exponemos puede ser «externo», para otras personas, o «interno», para nosotros mismos.

6. Todos los puntos anteriores quedan cubiertos por las cuestiones C1-C6, todas desde la primera posición.

7. La cuestión C7, de repente, les aleja de los detalles y de su propia personalidad, para captar otras perspectivas.

8. Este paso lleva a los clientes a obtener ideas de *feedforward* por ellos mismos, de muchos modos diferentes.

A algunas personas podría resultarles difícil pensar las respuestas a ciertas preguntas. Esto podría deberse a que no hay respuestas. O podría ser que se tratara de una pregunta desconocida que no se hayan planteado antes. Nos hemos encontrado con personas que afirman que nunca han pensado en cambiar una situación «dejando» de hacer algo o dejando de preguntar algo, por ejemplo.

> **CONSEJO**
>
> *Más, por favor*
>
> Aliente a los clientes a encontrar tres ideas más como respuesta a cada una de las cuestiones «menos» contestadas, e infórmeles de que está acercándoles a áreas que podrían parecerlas desconocidas deliberadamente.

Análisis de cada pregunta

Paso A

Empecemos con **lo que ha estado ocurriendo** en esa situación, y recuerde que sólo está «describiéndola», no desanimándose al reexperimentarla, por tanto, siéntese derecho y recuerde narrarlo todo en pasado. Describa lo que «ha estado» sucediendo.

A1 **¿Qué estaba *pensando* en esa situación?**

Y qué más pensaba, y qué más, etc. No deje de escribir cualquier mínimo detalle de lo que le rondaba por la cabeza; no importa lo aparentemente pequeño o trivial u obvio que parezca, escríbalo todo para llegar a entender completamente qué le estaba sucediendo, independientemente de que fuera, o no, consciente de ello en ese momento. ¿Qué más se estaba diciendo a sí mismo o podía ver en su imaginación?; porque en esto consiste el pensamiento. Mencione tantos detalles como pueda.

Análisis

Queremos que en este punto se fije en todo lo le que ocurrió «de los hombros hacia arriba». Todos los pensamientos, diálogos internos, ideas, imágenes, sonidos, ideas, voces; todo lo que ocurriera en ese momento. Motive una obtención completa, porque cuanto más se obtenga, más contraejemplos habrá sobre lo que pensar, en lugar de eso, en el paso B.

Podría invitarles a «ser valientes» y a anotar lo que estaban pensando «realmente», y recuérdeles que es para ellos, no para usted.

Si percibe un poco de vergüenza, podría sugerirles que no tienen que contarle todas las respuestas. Pueden escribirlas en privado o explicárselas a ellos mismos en silencio, ya que son la materia prima sobre la que «ellos» trabajarán. Usted como *coach* no necesita ese material. Y si trabaja con esa persona, es posible que sea preferible que usted no sepa todo esto. No es una señal de desconfianza, sólo un elemento práctico de la vida real.

A2 ¿**Qué estaba *sintiendo*** en esa situación?

Y qué más, qué más, etc. No deje de escribir cualquier sensación inapreciable que estuviera notando de hombros hacia abajo, y también en este caso no importa lo aparentemente pequeña, trivial u obvia que sea, y tampoco importa si era consciente de ello, o no, en ese momento. Si se le ocurre «Sentía **que***...» podría descubrir que se trata de un pensamiento, no de un sentimiento. Por ejemplo, un sentimiento de: 1) enfado, 2) frialdad o 3) terror, es probable que tras varios segundos se convierta en un pensamiento del tipo: 1) quiero venganza, 2) quiero escaparme o 3) desearía encontrarme en cualquier otro lugar. Por lo tanto, escriba todas estas ideas adicionales en el apartado A1. Y no olvide mencionar todos los sentimientos y sensaciones que sintiera de hombros hacia abajo y que le estuvieran asediando en esa situación.*

Análisis

En este punto, queremos que observe todo lo que estaba ocurriendo de hombros «hacia abajo». Se necesitará, normalmente, más tiempo para percibir las sensaciones que los pensamientos, y suele tenerse un vocabulario limitado para describirlas. Por consiguiente, facilite mucho tiempo, que puede ajustar planteando la pregunta despacio, de un modo interrogante.

Si tiene un cliente que es un «macho», podría ser necesario tranquilizarle diciéndole que esto no son emociones, sino señales y sensaciones. Quizá el tipo de cosas que después de que algo se haya torcido provoca que recordemos «algo me "dijo" que eso no saldría bien», o «tuve una sensación divertida en ese momento». Esta pregunta está diseñada para ayudarnos a localizar estas primeras señales de aviso «antes» del acontecimiento, en lugar de después.

De nuevo, podría querer analizar qué estaban sintiendo los clientes «realmente», en su interior, de modo que puedan liberarse al reconocer las sensaciones que estaban experimentando en esa época.

También podría interesarle señalar que esas sensaciones son nuestros primeros sistemas de aviso, y que si no somos conscientes de esas advertencias, no seremos capaces de incorporar sus datos en nuestro proceso de toma de decisiones.

A3 ¿**Qué es lo que** *necesitaba*, o no tenía, o le faltaba, o no se le daba?

Y qué más, qué más, etc. No deje de anotar hasta el más ínfimo detalle que podría haber conseguido que la situación diera un giro espectacular si lo hubiera tenido a su alcance en ese momento. ¿Qué podría –que advierta en la actualidad– habérsele escondido? ¿Qué es lo que no sabía que le fuera necesario en esa época? ¿Qué otros recursos le faltaban, que no hacen que sea sorprendente que la situación no le saliera tan bien como era posible? Mencione todo lo que pueda –¿qué necesitaba del exterior y qué necesitaba de su interior?–, y recuerde que hizo todo lo que pudo, dados los recursos que tenía disponibles en ese momento, o que usted creía que tenía a su disposición en ese momento. ¿Verdad que nadie lo podría haber hecho mejor, con esos recursos y esa conciencia personal? Así pues, tome nota de todo lo que le faltaba.

Análisis

Las situaciones A1 y A2 son cuestiones de «acercamiento», lo que «estaba» ocurriendo. Esta pregunta es de «alejamiento». ¿Qué es lo que «no» estaba sucediendo, lo que le habría ayudado? Esta pregunta también abarca todos y cada uno de los niveles neurológicos, desde el entorno –su exterior– a través de las conductas, habilidades y conocimientos, hasta creencias y valores e identidad.

De nuevo, podría interesarle investigar lo que los clientes estaban necesitando o lo que les faltaba «de verdad», en su interior.

CONSEJO

Asociar las sensaciones con las necesidades

Sin duda, puede cambiar el orden en el que plantea las preguntas en los pasos, pero pasar de la cuestión A2 (sensaciones) a la A3 (necesidades) parece ayudar a las personas a tocar fondo con las necesidades que «sintieron» que no quedaron satisfechas en esa situación.

> Positivo
>
> Advierta que si tenemos un sentimiento positivo como, por ejemplo, felicidad, bienestar, tranquilidad, es porque «una de nuestras necesidades ha sido satisfecha», por ejemplo:
>
> - «Estoy feliz porque he terminado este proyecto a tiempo.» (Necesidad = sentirse satisfecho.)
>
> - «Me siento bien conmigo mismo porque mi jefe me ha elogiado delante del equipo.» (Necesidades = ser advertido, valorado públicamente.)
>
> - «Estoy tranquilo porque, después de todo, no tengo que coger un vuelo a primera hora de la mañana.» (Necesidad = quedarse.)
>
> Negativo
>
> Si tenemos una sensación «negativa» como, por ejemplo, pánico, frustración, ansiedad, es porque una de nuestras necesidades «no ha sido satisfecha», por ejemplo:
>
> - «Tengo pánico porque no me veo terminando este proyecto a tiempo.» (Necesidad = sentirse satisfecho.)
>
> - «Me siento frustrado porque mi jefe me ha chillado delante de todo el equipo.» (Necesidades = ser advertido, valorado públicamente.)
>
> - «Estoy nervioso porque, después de todo, tengo que coger un vuelo a primera hora de la mañana.» (Necesidad = quedarse.)

A4 ¿Qué *papel* estaba desempeñando?

Si se viera a sí mismo en una película de esa situación, ¿cómo describiría el papel que estaba interpretando? –aunque no fuera intencionado representar ese o cualquier otro papel–. Imagine que se estuviera rodando una película sobre esa situación y que usted fuera incapaz de interpretarse a Usted en el film. Imagine qué necesitaría para completar esta frase: «¿Encargado del casting? Necesito a alguien que interprete el papel de X, por favor». O «Necesito a alguien para interpretar el papel de un X, por favor». Confíe en lo primero que se le ocurra; podría ser el nombre de un actor o de un personaje en una película o serie de televisión concretas; podría ser un tipo de conducta –algo que resuma cómo se estaba comportando en ese momento, cómo se sentía y qué parecía–. Revise los ejemplos, si necesita un poco de inspiración, de la página 43, y recuerde que es muy probable que no eligiera interpretar ese papel deliberadamente, pero al volver la vista atrás, este es el aspecto que tenía su comportamiento y lo que habría parecido. Escriba sólo una **única** descripción del papel que mejor encaje con su conocimiento de la situación. Siga intentando buscarlo hasta que descubra «¡Este es! ¡Así es como me estaba comportando exactamente!».

Análisis

Esta es una pregunta difícil de responder, sobre todo, la primera vez. Los clientes tienen que completarla desde la primera posición:

1. lo que sentían, les parecía y les sonaba en ese momento;
2. y lo que, desde la segunda posición, les habría parecido a otras personas que estuvieran allí;
3. y lo que les pareció y les sonó desde la tercera posición, como si los miraran objetivamente en una película o en la tele.

Para dar una respuesta, tienen que sopesarla y hacerse una idea de si encaja, o no, desde las tres posiciones. Si un cliente realmente no puede saber cómo responder a esta pregunta, le ofreceríamos espontáneamente algunas ideas a través de la técnica de *feedforward*. Y miraremos hacia el techo, gesticularemos hacia arriba, para motivarles a mirar también hacia arriba y estimular sus habilidades de visualización. Asegúrese de que propone al menos una docena de ideas y añade algunas opuestas para confundirles y para no imponer nada. Además, podría llegar a dejar incompletas algunas sugerencias.

Por ejemplo, «Los papeles típicos podrían ser el de héroe o víctima; profesor o alumno; amigo o intimidador. O quizá puede pensar en sus actores o actrices favoritos de algunas de sus series o películas preferidas, interpretando el papel de... ¿qué?». Si siguen sin dar con un papel, no fuerce la situación. Es probable que sea mucho más sencillo que encuentren el papel que encajaría mejor en la pregunta B3, y luego pueden volver a esta cuestión.

Podría ser que le interesara tranquilizarles explicándoles que este papel no es «quién» son o fueron en esa situación, sino una interpretación de lo que estaban «haciendo» en un momento concreto, en un entorno específico. Es al nivel lógico de comportamientos, «no» de identidad. Lo que otras personas puedan pensar de nosotros «no» es quiénes «somos».

A5 ¿Qué es lo que creía que era cierto?

Y qué más, qué más, etc. Sobre la situación, sobre sí mismo, sobre otras personas, sobre cualquier cosa que recuerde. Vuelva a confiar en lo que se le ocurra y ¡escriba mucho!

Análisis

Los clientes ya han identificado sus pensamientos, sentimientos y el papel de esa situación, y esto a menudo comporta una concepción de cómo estaban haciendo que el resultado de la situación fuera inevitable, en este caso también, a causa de sus propios comportamientos.

Esta pregunta suele empujar a los clientes a preguntar «¿Qué quiere decir? ¿Sobre mí mismo, o sobre la situación o sobre qué?». No damos ningún consejo, y decimos «Lo que se le ocurra». Esto puede conducir a comprensiones significativas para los clientes.

A6 Por tanto, ¿qué título le daría a esta situación que la resumiera mejor?

Como en el caso del título de una película o una canción o una serie de televisión —puede inventarse uno o emplear uno que ya conozca—, opte sólo por el que le haga sentir «¡Este es! ¡Así es como era exactamente!».

Análisis

Algunos clientes tienen una respuesta inmediata que les hace reír, ya que se dan cuenta de cómo han estado afrontando la situación. Para otros, es realmente duro definir una «idea general» en este punto y mencionan un título globalizador. Esto no importa porque puede ser que encuentren un título excelente en la cuestión B5 para la nueva estructura, y luego pueden retroceder para responder a esta pregunta.

Preguntas adicionales

Como hemos explicado anteriormente, las preguntas A1-A6 serán suficientes en la mayoría de casos. Sin embargo, puede haber ocasiones en las que los clientes necesiten más datos que les ayuden a identificar el camino hacia adelante. En estos casos, las cuestiones A7-A15 pueden ser de gran ayuda.

La práctica y la experiencia le indicarán cuándo serán necesarias. Por ejemplo, si los clientes:

- sólo le están dando respuestas generales y evasivas,
- no se están implicando totalmente en el proceso de descubrimiento,
- están usando un tono de voz de alejamiento;

entonces, usted compruebe si:

- les gustaría disponer de algunas preguntas realmente interesantes que les ayudaran a llegar a la raíz del problema,
- les gustaría hacer un descanso,
- preferirían otro momento o lugar o persona con la que realizar este proceso,
- quizá preferirían anotar las respuestas por sí mismos en lugar de decirlas en voz alta,
- a lo mejor, han cambiado de idea sobre realizar este proceso.

Es mejor comprobarlo primero, antes de continuar.

Recuerde que para estas preguntas, usted y los clientes deberían estar sentados erguidos, uno frente a otro. Deje que piensen de una forma «concisa y eficiente» a través de la postura y los gestos que usted adopta. Deje que respondan a las preguntas como un periodista, no permita ninguna emotividad.

A7 ¿De qué estaba asustado? ¿Qué daba miedo o era preocupante?

*¿De qué estaba **verdaderamente** asustado? ¿Qué es lo que daba **realmente** miedo o era preocupante? Si está siendo muy honesto consigo mismo en este punto, ¿qué más puede añadir? Si se siente lo suficientemente valiente como para admitirlo, ¿qué más agregaría? Se trata de información sobre la situación, para comprender cómo sucedió exactamente, y cuanto más completa sea la información de que dispone, más ideas obtendrá sobre qué podría hacer en lugar de eso. Y recuerde que sólo está describiendo cómo ocurrió en ese momento; por tanto, siéntese muy erguido y grabe la información como si fuera un periodista. Esto no es una terapia; no tiene que reexperimentarlo para ser capaz de comprenderlo.*

Análisis

Esta cuestión surgió cuando Mike se despertó una noche a las 3 de la madrugada, empapado con un sudor frío. Dos cosas habían sucedido justo antes de que se fuera a dormir, y a las 3 de la madrugada parecía que habían chocado dentro de su cabeza. «Está bien –pensó– prueba la técnica ABC para solucionarlo.» No funcionó. O sea, que ya tenía ¡«tres» cosas para solucionar! Y, entonces, diez minutos más tarde, notó que se había tranquilizado completamente y que estaba más fresco que una lechuga. «Caramba –pensó–, ¿cómo lo "he logrado"?» Y se dio cuenta de que se había preguntado qué era lo que exactamente le asustaba. Y esto había marcado el ritmo de lo que le estaba ocurriendo en su interior, concretizó el pánico, le permitió ver la situación con más claridad y comprender los pasos que tenía que dar.

Puede ser que los clientes no estén asustados por nada, en su propia piel o al ponerse en la de otra persona, pero que sí que haya algo desde la tercera posición que sea preocupante o alarmante respecto a la situación. Esta pregunta, realmente, llega al fondo de estos pensamientos y sentimientos, si es que existen algunos, usando un reconocimiento no emocional.

También permite que una persona admita si está sintiendo pánico, incluso al nivel de su identidad (véanse niveles neurológicos), por ejemplo: «No soy suficientemente bueno para esto»; o al nivel de sus valores y creencias, por ejemplo: «Odio esto porque...». Puede ser un alivio enorme «liberarse» de estos sentimientos.

A8 ¿Qué estaba esperando? ¿Cuáles eran sus esperanzas?

*Y ¿qué es lo que estaba esperando, en caso de que así fuera? ¿Para usted o para la situación, o para otra persona, o personas, o para todo en conjunto? Porque si no tiene claro hacia dónde avanzar, es difícil moverse. ¿Qué es lo que esperaba **realmente**?*

Análisis

¡Podría ser que «no» hayan estado esperando nada! Esto puede ser una revelación: es evidente que no lograron lo que querían en esa situación, porque «no sabían» lo que querían.

A9 ¿Qué es lo que estaba yendo en contra de sus valores o creencias?

A menudo, sentimos que algo es extremadamente malo para nosotros, incluso sólo pensar hacerlo –ese sentimiento doloroso en el estómago–. Entonces, ¿qué era todo lo que le parecía «malo», con independencia de que se diera cuenta de ello, o no, en ese momento? ¿Qué más? ¿Qué más?

Análisis

Como los clientes desean mejorar la situación, sin duda, habrá valores y creencias suyos que se habrán violado o a los que no se habrá hecho honor. Nombrarlos puede, además, ayudarles a dar ideas sobre cómo garantizar que «se les va a hacer honor» en el futuro.

A10 ¿Qué era importante para usted? ¿Qué era importante?

¿Qué es lo que le estaba motivando, si es que había algo? ¿Qué más podría añadir? ¿Para usted, para otras personas, o para la situación en general? ¿Qué más?

Análisis

Esta es la opción «de acercamiento» para obtener valores y creencias, que complementa la forma de «alejamiento» de la cuestión A9.

Es posible que los clientes adviertan que «nada» era importante para ellos en esa situación. Por consiguiente, podrían retirarlo del futuro, o esforzarse para encontrar algo que les «comprometa» con la situación, por ejemplo.

A11 ¿Qué le estaba resultando difícil? ¿Cuáles eran las dificultades?

Se trata de ser realista, no de buscar culpables. No hemos nacido capacitados para hacer todo lo que es posible que necesitemos hacer. «Aprender es lo que hacemos cuando no sabemos qué hacer», dijo Piaget. Por tanto, ¿qué le estaba resultando difícil, y para lo que habría agradecido un poco de ayuda? ¿Qué más podría comentar?

Análisis

Esta es una pregunta práctica a los niveles de habilidades y conocimientos y conducta. Es un entrenamiento excelente para «admitir» lo que encontramos difícil «sin» admitir nada al nivel de la identidad, por ejemplo «... y por eso soy estúpido (otra vez)». Fíjese que esta pregunta presupone que «había» dificultades (si no, los clientes no habrían elegido esta situación para mejorarla).

A12 ¿Qué destrezas le faltaban? ¿Qué habilidades se estaban pasando por alto?

Enumérelas todas, porque nadie sin estas habilidades podría haberlo hecho mejor que usted, ¿no es cierto? En consecuencia, para afrontarlo mejor en el futuro, ¿qué otras capacidades se da cuenta ahora que le faltaban? ¿Y qué conocimientos les faltaban a las otras personas?

Análisis

El mismo que en la cuestión previa A11.

A13 ¿Qué información estaba ignorando? ¿Qué información faltaba?

Como en el caso anterior, ¿qué es lo que no sabía que contribuyó a que la situación no fuera muy satisfactoria para usted? ¿Qué es lo que no sabían otras personas?

Análisis

El mismo que en la cuestión previa A11.

A14 ¿Qué estaba mal en el dónde, el cuándo, el quién; quién más estaba a su alrededor, o no lo estaba?

Existían factores ambientales sobre el momento y el lugar. Y otras personas podrían haber empeorado más la situación con su presencia, o la empeoraron porque no estaban allí; ¿qué otros puntos negativos tenía el dónde, el cuándo y el quién?

Análisis

Esta pregunta es al nivel del entorno, y completa la consecución de todos los niveles neurológicos, para tener una comprensión total de lo que estaba ocurriendo en ese momento.

A15 ¿Y qué ESTABA saliendo bien, aunque pueda ser que no lo hubiera notado en ese momento? ¿Qué MÁS estaba saliendo bien?

*Es posible que hubiera pasado por alto estas cosas en ese momento, debido a lo que sucedía a su alrededor. Por eso, esfuércese en pensar lo que ahora puede ver, u oír, o sentir, que le **estaba** saliendo bien o incluso normal.*

Análisis

Esta última pregunta es más bien de «acercamiento» que de «alejamiento». También es un entrenamiento excelente para notar características «buenas» en lo que previamente podría haberse descartado como una situación «mala».

Si la situación y estas respuestas parecieron más bien «duras», permita que los clientes perciban lo que «han» conseguido y que se feliciten, por ejemplo: «¿Verdad que se da cuenta de que acaba de completar un análisis muy detallado de una situación que es muy probable que hubiera descartado como "Nunca podría soportar pensar en ello otra vez"?». Lo ha hecho sin «entrar» en ella. Lo ha hecho sin entrar en lo que podrían haber sido emociones muy desagradables en ese momento. ¿Y verdad que ha aprendido muchas lecciones de la situación, que le ayudarán a afrontar situaciones similares en el futuro? Creo que puede sentirse muy satisfecho de sí mismo, ¿no es así?

¿Y verdad que ha notado el uso generoso de «frases interrogantes» (véase página 127) que ayudarán a los clientes a interiorizar esta sensación de logro?

La mayoría de clientes agradecerán revisitar rápidamente las cuestiones A1-A6, para dejar reposar el paso A. Y luego continuar.

Tarjeta de bolsillo, primera parte

Revise todo lo que ha escrito, luego realice los cambios o modificaciones que crea que quiere hacer.

Después, **trace un círculo o subraye lo que le llame la atención como aprendizaje clave**.

Y escriba los **tres aprendizajes principales en una pequeña «tarjeta de bolsillo»** (véase página 68) –una tarjeta de negocios normal o del tamaño de una tarjeta de crédito o un papel que pueda llevar consigo– **para recordar qué es lo que decide que no va a volver a ocurrir.**

Análisis

Esta es una fase de recopilación en la que los clientes revisan lo que han hecho hasta ese momento para reforzar sus percepciones. Reflexionan sobre el significado de estas percepciones, tanto en la situación en la que están trabajando como en un contexto más general. Y toman decisiones sobre qué percepciones son primordiales para entender cómo ha funcionado la situación. Rodearlas con un círculo o subrayarlas y luego escribirlas en una tarjeta, también refuerza sus percepciones, ya que la mano y el bolígrafo marcan físicamente las palabras y los ojos vigilan que así suceda. Este es un refuerzo útil, en el que se usan tantos sentidos como sea posible.

Paso B

Pasemos ahora a pensar en **qué podría ser mejor** (es probable que quiera descansar un poco antes de este paso para permitir que algunos de sus pensamientos se asienten después del paso A; no hay ninguna prisa).

Por el momento, manténgase en «qué» quiere, y deje para más tarde «cómo» podría lograrlo. ¿Por qué censurar los «qué» porque no pueda ni imaginarse algún «cómo» práctico?

Después de todo, si ha vivido con un «qué» muy deseable durante un tiempo, es asombroso cómo los «cómo» empiezan a presentarse como posibilidades reales.

B1 ¿Qué es lo *mejor* que podría estar *pensando* para lograr lo que desea en esa situación?

Quizá quiera tan solo mirar ensimismadamente al espacio o por la ventana, para que esto le ayude a imaginar la respuesta mientras se pregunta a sí mismo: «¿Qué es lo mejor que podría estar pensando?».

En nuestra experiencia, esta es la pregunta más difícil de responder, por tanto, asegúrese de que le está resultando difícil; es cierto: ¡es difícil! Después de todo, si hubiera sabido cuál era la mejor solución para usted, ya la habría adoptado.

Cerciórese de que es **lo** *mejor que podría estar pensando. Y sea realista al mismo tiempo, ya que se trata de una situación de la vida real. Luego, observe lo que ha escrito y pregúntese, en forma realista, ¿es la mejor idea que puedo tener en la cabeza, para que me ayude a lograr lo que quiero? Sostenga el papel a cierta distancia y* *observe qué es lo que está escrito y pregúntese: «¿Realmente esta es la idea más simple que puedo tener en la cabeza?».*

Análisis

Esta es una pregunta delicada de responder. Si hubiera una respuesta sencilla, ya habrían resuelto la situación. Por lo tanto, podría querer imitar sus posturas corporales para ayudarles al máximo. Mire y quizá gesticule hacia arriba, hacia el techo, para motivar el pensamiento «color de rosa». Después de todo, la mayoría de personas obtienen sus mejores ideas en el baño o en la playa, o con los pies en alto, mirando al espacio.

No le interesa que recuerden doce cosas buenas, ya que no podrán recordar tantas. Sólo la mejor. Y, de nuevo, necesitarán sopesar cada posibilidad, para «ver» si «suena» y «se siente» bien.

Nosotros mismos, regularmente, hacemos ver que no hemos oído lo que han dicho, o probamos otros trucos para lograr que lo repitan en voz alta varias veces, hasta que estemos seguros de que «ellos» están seguros de que se sienten cómodos con sus afirmaciones. Esta repetición es importante para empezar a interiorizarlas, igual que solían serlo los antiguos pensamientos improductivos. Nosotros siempre seguimos bromeando que hemos olvidado lo que han dicho, o que no hemos prestado la atención adecuada (guiñamos el ojo) de modo que así puedan unirse al juego, y juntamos esta sensación de alegría con el pensamiento que han escogido.

También es imprescindible repetir mentalmente los ensayos de cómo «será» la situación.

B2 ¿Qué es lo *mejor* que podría estar *sintiendo* para conseguir lo que desea en esa situación?

De nuevo, sólo una cosa, la mejor. Sopésela para asegurarse de que encaja a la perfección, y recuerde que también en este caso estamos hablando realistamente. ¿Qué es lo mejor que podría estar sintiendo para obtener lo que desea en esta situación?

Análisis

Un único sentimiento bueno es suficiente, y los clientes «realmente» tienen que sopesarlo. De nuevo, simulamos que olvidamos lo que han dicho, de modo que lo prueben media docena de veces, como mínimo, para hacerse una idea real de cómo «se sentirán» en esa situación.

B3 ¿Cuál es el mejor *papel* que podría estar desempeñando, para lograr lo que desea en esa situación?

De nuevo, sólo un papel, el mejor. Imagíneselo desde su perspectiva, desde la perspectiva de otra persona y desde el punto de vista de una mosca-en-la-pared; compruebe que esto es lo que funciona mejor, para todo.

Análisis

Los clientes tienen que comprobarlo desde las tres posiciones para asegurarse de que les conviene. Podría ser interesante tranquilizarles de nuevo alegando que «no» se trata de quién son como persona, sino de uno de los muchos papeles que forman parte de su repertorio, adecuado a diferentes situaciones. Las personas interpretan papeles distintos de forma instintiva cuando las situaciones van sobre ruedas. En consecuencia, ¿por qué no elegir uno deliberada y cuidadosamente, para ayudar a mejorar situaciones que ya han salido sobre ruedas? O, al menos, ¿mejorar cómo se «siente» en la situación? En este sentido, elegir un papel de cómo comportarse (conducta), de hecho, puede conseguir que nos sintamos cómodos «siéndolo» (identidad). Si algo «parece» bueno, entonces es realmente bueno disfrutar de ello al nivel de la identidad. Sólo en el caso de que los sentimientos no sean muy buenos, será cuando querremos «tomárnoslo personalmente». Siempre disponemos de esta elección.

B4 ¿Qué es lo mejor que podría haber creído que era cierto para obtener lo que quiere en esa situación?

También en este caso, sólo una cosa, la mejor; bien sobre usted, bien sobre otra persona, o bien, sobre la situación.

Análisis

Es fascinante ayudar a otras personas a probar diferentes creencias que parecen apropiadas no sólo en relación a cómo quieren que sea la situación, sino también a cómo se sienten sobre sí mismos. El proceso es como probarse ropa en una tienda. ¿Esto me queda bien? Puede ser que tenga un buen aspecto, pero ¿me sienta bien? Puede sentar magníficamente, pero ¿tengo buen aspecto? ¿Soy «yo»?

Podría ser que quisiera añadir una cuestión retórica en este punto, como «¿Cómo le sienta poder elegir lo que elige creer?». Inténtelo en primera persona: «¿Cómo me sienta poder elegir lo que he escogido creer?». ¿Verdad que es un codificador cerebral real? Y es muy liberador recibir el permiso de elegir lo que nos convenga más, en lugar de aceptar cualquier cosa que nos ofrezcan.

Esta pregunta permite que nos demos cuenta de que somos capaces de lograr un cambio, no sólo en la situación que estamos intentando mejorar, sino en nuestras propias personas y en cualquier cosa que decidamos. Esto puede ser profundo.

De nuevo, podría interesarle conseguir que los clientes repitan sus respuestas varias veces, hasta que ambos se sientan satisfechos sobre cómo encajan.

Ejercicio

Pruebe estas dos creencias ahora, una a una:

1. Algo realmente agradable va a ocurrirme ahora.
2. Este es un lugar inseguro en el que estar.

Fíjese en lo diferentes que son los sentimientos por encima «y» por debajo de los hombros a causa de la creencia que está sopesando. Podemos cambiar nuestras creencias y, por tanto, cambiar lo que estamos pensando y sintiendo casi instantáneamente. (Y limitándose a preguntar a los clientes la cuestión B4, lo experimentarán por sí mismos cuando consigan sus respuestas.)

B5 Por tanto, ¿qué título le daría ahora a la situación, como si se tratara de una película, una canción, o un programa de televisión?

Análisis

Esto es un resumen de los procesos de pensamiento y las decisiones que acaban de experimentar –lo que los clientes quieren pensar, sentir, creer e interpretar (papel) en esa situación–. Puede percibirse como una especie de descanso el dejar reposar el proceso de pensamiento.

A menudo, los clientes pueden sentirse exhaustos en esta fase, y podrían sentirse contentos de dejar que todo su trabajo y sus percepciones se consoliden en una nueva conciencia, en lugar de pasar directamente al paso C.

Tarjeta de bolsillo, segunda parte

Aquí también, vuelva a revisar lo que haya escrito. Realice cualquier cambio o modificación que crea que quiere hacer y, luego:

1. Haga un círculo o subraye lo que le llame la atención.

2. Anote los tres puntos básicos al **dorso** de la «tarjetita de bolsillo» para que le recuerde lo que **realmente** quiere que ocurra.

Análisis

Esto vuelve a reforzar las percepciones básicas, ya que las escriben al dorso de la tarjetita, y refuerza su conciencia de lo que «no» quieren (del paso A) al darle la vuelta a la tarjeta.

Paso C

Pasemos ahora a hacernos una idea de *cómo* **podrá o podría hacer que sucediera** y, en este caso también, podría ser interesante descansar un poco antes de hacerlo para permitir que algunos de sus pensamientos sobre el «qué» se consoliden, después del paso B.

Cuando realice el paso C –como en los otros casos– no censure ningún «cómo» porque no pueda ni imaginarse cómo podría lograrlo «exactamente», porque la técnica de *feedforward* (página 136) podrá serle de ayuda.

C1 ¿**Qué** *hará***, o podría hacer, exactamente**, para lograr lo que desea en esa situación?

¿Qué más agregaría? Escriba muchas cosas. Piense en ello como opciones o posibilidades a partir de las que podrá decidir o elegir más adelante. No es necesario decidir todavía, con lo que deje que sus ideas floten.

Análisis

Esta es la lista de acciones de «acercamiento» normal; cuál será mi siguiente paso, principalmente desde la primera posición, en mi propia personalidad.

C2 ¿Qué *se dirá*, o podría decirse, exactamente, a sí mismo o a otras personas, para obtener lo que desea en esa situación?

¿Qué más? Anote lo que podría decirse provechosamente a sí mismo, o a otras personas, y sea concreto y realista cuando piense en quién más podría decir otra cosa o cosas útiles, o antes, o durante, o después, del próximo encuentro.

Análisis

Esta pregunta se introduce en el nivel auditivo –tanto externa como internamente– en gran parte, también, desde la primera posición.

C3 ¿Qué cuestiones *se planteará*, o podría plantearse, a sí mismo o a otros, para lograr lo que desea en esa situación?

¿Qué más añadiría? Apunte muchos puntos. De nuevo, estos serán la materia prima a partir de la que tendrá que elegir más adelante.

Análisis

Esto añade más nivel auditivo a través de preguntas para: 1) rellenar vacíos de conocimiento o información, y 2) satisfacer necesidades incumplidas, por ejemplo, «¿Puede *explicarme* esto en vez de mostrármelo, por favor, ya que necesito "escuchar" instrucciones para comprenderlo del todo?».

C4 ¿Qué *dejará*, o podría dejar, de hacer para lograr lo que quiere en esa situación?

¿Qué más podría pensar? Escriba muchas cosas, como en el caso anterior. Piense en ello desde su propia posición, desde la de otras personas y desde la perspectiva de una mosca-en-la-pared.

Análisis

Esta pregunta añade una conciencia de «alejamiento» de las conductas que no han funcionado hasta el momento. Además, motiva a ver la situación desde la segunda y tercera posiciones.

C5 ¿Qué *dejará*, o podría dejar de decirse, para obtener lo que desea en esa situación?

¿Qué más? Escriba mucho, y en este apartado también sea muy concreto y claro.

Análisis

Refleja una conciencia de «alejamiento» de lo que no ha funcionado hasta el momento para uno mismo, o para otras personas en esa situación. También cubre la primera posición (interna) y la segunda y tercera.

C6 ¿Qué preguntas *dejará*, o podría dejar de hacerse, a sí mismo o a otras personas, para lograr lo que desea en esa situación?

¿Qué más podría adjuntar? Escriba muchas preguntas.

Análisis

Esto vuelve a reflejar lo que no ha funcionado, desde las tres posiciones.

C7 ¿Qué más tiene que ocurrir para que consiga lo que desea en esa situación?

¿Qué más? Anote muchas cosas; de nuevo, sea tan concreto como pueda en este paso.

Análisis

Esta pregunta suele ir acompañada de una mirada a los ojos de los clientes, ya que se les lleva desde seis preguntas desde la primera posición (sobre qué va a actuar «usted») a una perspectiva impersonal desde la tercera posición, «qué más podría añadir». Es interesante que los clientes no suelan tener más información llegados a este punto, ya que se han responsabilizado plenamente de progresar en esa situación, mediante sus propias acciones de las seis primeras preguntas.

Ahora, fíjese en esas preguntas en las que haya escrito «menos» ideas y añada, al menos, tres más a cada una de ellas. Imagine qué le sugeriría su mejor amigo que considerara. Anote lo que todavía no se haya «atrevido» a escribir. Recuerde que estos son sus pensamientos sobre cómo «podría» abordar la situación de otro modo, y siempre creemos que vale la pena «dejarlo reposar» para garantizar que se escogen los sentimientos realmente adecuados.

Análisis

Buscar ideas donde hay muy pocas, o casi ninguna, puede motivar a los clientes a encontrar ideas que nunca habían pensado ni buscado. Por ejemplo, si son kinestéticos, en vez de auditivos, generarán más respuestas basadas en «hacer». Si se decantan más por el «acercamiento» que por el «alejamiento», tendrán menos ideas sobre lo que podrían «dejar» de hacer, decir o preguntar.

Tarjeta de bolsillo, tercera parte:

Con esto en mente, ahora:

1. Revise los cómo del paso C y subraye los que le atraigan más.
2. Escriba los significativos en la misma cara de la tarjeta en la que están los «qué» esenciales.
3. Cuando los haya dejado reposar, revise lo que ha escrito y realice todos los cambios que le parezcan adecuados.

Así pues, ha creado un *aide-mémoire*. En un dorso, tiene un recordatorio de lo que «no» quiere nunca más. En el otro, se encuentra lo que «sí» que quiere y «cómo» podrá lograrlo.

Revíselo de vez en cuando. Realice todos los cambios que desee. Celébrelo cuando lo haya conseguido.

Análisis

Estas anotaciones sobre las ideas de «cómo» principales en la misma cara de la tarjetita que las ideas de «qué» esenciales, forman, literalmente, el esqueleto del proceso al reunirlas visualmente en un mismo lugar. Que los clientes se refieran, o no, a ellas, o que sólo las vean sobresaliendo de sus tarjetitas, es un recuerdo visual de las percepciones e intenciones que escribieron al respecto.

La prueba de dejar reposar las ideas durante una noche evita que las personas con una estrategia de convencimiento única (página 99) se precipiten en una lista de movimientos, cuando una lista de no movimientos podría ser más adecuada.

Además, en nuestra experiencia, los clientes no tienen prisa para «resolver» la situación y se sienten satisfechos sólo si advierten lo que ocurre, sin cambiarlo inmediatamente. Esto refuerza su comprensión de «cuál» era la estructura, y «cómo» les ha influenciado exactamente. Y refuerza que tengan elecciones de «cómo» hacerlo de otro modo, cuándo y si se deciden a hacerlo.

Tercera parte
Usted como *coach*

7
Usted como *coach*

Preparación para las sesiones de *coaching*

Claridad de resultados

El ejercicio de *coaching* con un cliente, se trate de un empleado o de un cliente que paga, se centra en las prioridades del mismo. Su función como *coach* es definir:

1. Lo que los clientes quieren, o no quieren.
2. Lo que supondrá para ellos lograr ese resultado.
3. Cómo arreglárselas para conseguirlo.

Sin embargo, es importante, al embarcarse en un ejercicio de *coaching* de cualquier tipo o envergadura, definir estos resultados tanto para usted mismo como para los clientes.

Como hemos explicado previamente en el libro, algunas personas están motivadas por «acercarse» a un resultado positivo. Otras se sienten motivadas por un «alejamiento» de una pérdida. La mayoría se da cuenta de que lo que quieren es una combinación de ambos tipos de motivación, por ejemplo, alguien que quiera perder peso, es posible que quiera tener un aspecto magnífico y evitar una muerte prematura.

Otras personas descubren que una motivación de «alejamiento» puede convertirse en una de «acercamiento» parafraseándola de otro modo; por ejemplo, si mi objetivo es dejar de fumar (=alejamiento) y me pregunto a mí mismo qué *obtendré* (=acercamiento), cuando lo deje, mi objetivo puede volver a parafrasearse como «Quiero tener un cuerpo saludable».

Si el resultado puede parafrasearse de un modo positivo, de acercamiento, la manera como se sentirá respecto a su objetivo, normalmente será más intensa, a pesar de que logre el objetivo de «acercamiento» a través de un «alejamiento».

Los ejemplos anteriores también enseñan a «aumentar» los resultados identificando beneficios u objetivos más allá del resultado original. Por ejemplo, si mi objetivo es ponerme en forma y, entonces, pregunto qué me proporcionará esa mejora, podría «aumentar» hasta un resultado como, por ejemplo, una vida más realizada y larga, con más energía y diversión y con más dedicación a amigos y familia.

Al orientar a un cliente, primero establezca sus propios objetivos para usted mismo, y después para los clientes. Asegúrese de que lo que quiere para los clientes no es lo que le sería útil para usted si ellos cambiaran. Un resultado para los clientes podría ser aclarar lo que «ellos» quieren que les ofrezca su trabajo, en lugar de que se hayan limitado a escoger que quieren «trabajar más duro».

Es evidente que usted podría desear que ellos «trabajaran más duro» como su objetivo «empresarial», pero el proceso de *coaching* se basa firmemente en los resultados para los clientes. Tiene que quitarse el sombrero de empresario y dejarlo fuera del espacio de las sesiones de *coaching*. O, al menos, ser claro con los clientes y con usted mismo si tiene que volvérselo a poner para hacer una observación u ofrecer una información desde una perspectiva no orientativa.

Reconozca, también, que es probable que no vea todos los objetivos de los clientes materializados en una sesión. Ni que se sientan suficientemente cómodos como para discutir preocupaciones personales con usted hasta que ambos se hayan investigado el uno al otro unas cuantas veces antes. (Véase también la Estrategia convincente, página 99: ¿Cuántas veces tendrán que encontrarse antes de que puedan empezar a confiar el uno en el otro y en el proceso?)

Recibir instrucciones de los clientes y «otros»

Los clientes

El punto de partida del proyecto de *coaching* es una descripción del punto final, el «resultado».

«¿Qué quiere conseguir al final de las sesiones de *coaching*?» obtendrá los objetivos de los clientes, le presentará una dirección a usted como *coach* y establecerá los criterios para el éxito. Además, lleva a los clientes mentalmente a un punto en que sus objetivos se han logrado con éxito. Es adecuado investigar esto por completo, tanto al principio de la relación de *coaching*, como al inicio de cada nueva sesión.

Otras partes interesadas

En muchos casos, otras personas estarán involucradas en el proceso de darle instrucciones, sobre todo si el ejercicio de *coaching* es entendido como una medida remediadora para «ajustar» a alguien que «iba por el mal camino». Es probable que le pidan que «solucione la vida de alguien», o que ofrezca «un poco de apoyo» a alguien que pasa por momentos difíciles.

Debe estar seguro de que todos los resultados son compatibles. Esto evitará guiar a los clientes (involuntaria e insatisfactoriamente) hacia objetivos que no son los suyos. O lograr resultados que otras personas piensan que no han «solucionado» el «problema».

Si tiene objetivos conflictivos por resolver, podría ser visto por estar del lado de la persona más influyente de la situación, que podría ser que no fuera el cliente.

CONSEJO

Demasiados cocineros

1. Cuando una tercera persona le pida que realice sesiones de *coaching* con alguien, establezca los objetivos corporativos e individuales «por separado» para identificar si son o no son compatibles y si es probable que siga siendo así.

2. Luego, fije una reunión con el cliente y la tercera persona, juntos, para establecer los objetivos compartidos, un acuerdo de confidencialidad, la duración de las sesiones y otros factores logísticos.

3. Deje por escrito todo lo que recuerde y disponga una copia para cada uno de los tres.

Si los objetivos y las normas básicas se han discutido y acordado enteramente con todas las personas involucradas, no existirán conflictos ni ambigüedades que puedan afectarle.

Factores del entorno

Confidencialidad

Uno de los factores más importantes es qué otra persona debería saber que las sesiones de *coaching* están teniendo lugar. Esto tiene que acordarse entre usted y el cliente y, una vez resuelto, adherirse a ello. Si los clientes quieren confidencialidad, no sólo sobre el contenido de las sesiones, sino sobre el hecho de que el proceso de *coaching* esté realmente existiendo, entonces todo debería estar encubierto. No se lo diga a nadie. No haga confidencias a otras personas, aunque le prometan que se mantendrán calladas. Si lo confía a alguien, busca asesoramiento o alardea sobre lo que está haciendo, entonces cuando los clientes lo descubran, como se sentirán rodeados, el ejercicio de *coaching* terminará y su reputación saldrá perjudicada.

Recuerde que si hace confidencias a una tercera parte contra los deseos del cliente, entonces esa tercera parte tampoco confiará nunca en usted y nunca aconsejará a otra persona que confíe en usted.

Notas

Si guarda notas sobre las sesiones de *coaching*, guárdelas en un lugar seguro, lejos de otras personas. Cuando el programa de orientación haya finalizado, pregúnteles a los clientes si quieren las notas o si preferirían que usted las destruyera. Use códigos en lugar de nombres. En malas manos, las notas podrían ser usadas en detrimento del cliente.

Evite los *e-mails*, ya que podrían difundirse a través de virus o *hackers* o miradas indiscretas. Evite dejar mensajes de voz que podrían ser oídos por una tercera persona, ni en casa, a no ser que el cliente lo sugiera y sea consciente de los peligros. Un teléfono personal, posiblemente sea el canal más privado. Pero, como con el resto de cosas relacionadas con el proceso de *coaching*, consúltelo primero con el cliente.

Ubicación

Cada sesión de *coaching* debería tener lugar donde no vayan a ser molestados por otras personas o tecnología. Desconecte los teléfonos, ordenadores, impresoras y buscas. Muchas sesiones de *coaching* tienen un momento crucial o importante y la tecnología parece estar diseñada para estropear esas veces. Asegúrese de que pueden hablar normalmente, sin temor a ser escuchados por casualidad. Y tenga cuidado con las salas con paredes de cristal en las que pueden ser observados. Garantice que nadie más ha pedido la sala en la que están trabajando. Esto suele ocurrir, particularmente, en oficinas abiertas en las que hay que reservar las salas de reuniones. El proyecto de *coaching* suele funcionar muy bien en el entorno laboral, así como también en ambientes más relajados, por tanto, elija el que les convenga más a ambos.

Hora

Escoja una hora conveniente del día. No espere hasta tarde si uno de los dos está cansado o tiene que irse a casa. Asegúrese de que ambos han acordado la hora de comienzo y de finalización, de modo que pueda centrarse en una sesión productiva entre esos límites. Adopte la responsabilidad de controlar el tiempo, para que los clientes puedan permanecer concentrados en sus objetivos.

Organice estos factores ambientales y luego pregúntese lo siguiente: «¿Qué más podría salir mal?», y adelántese a ello.

Límites

Previamente, en este libro (página 32) hemos analizado la diferencia entre *coaching* y otras formas de asesoramiento, etcétera. Este es un libro sobre cómo hacer fácil el ejercicio de *coaching*. Como tal, ofrece herramientas y un proceso para ayudarle a orientar. Puede ser que sea un empresario o un directivo que trabaje en una empresa en la que la orientación ha pasado a formar parte de la política de desarrollo personal. Esto no significa que pueda operar sin límites.

No tiene facultad para introducirse en la vida de otras personas, si no tienen ningún deseo de que se entrometa. Si tienen problemas personales o emotivos, no tiene ningún derecho a obligarles a hacer lo que usted pueda creer que sería una solución. Si piden ayuda y usted puede ofrecerles lo que necesitan, este es un tema distinto. Sólo los clientes pueden darle permiso para discutir sobre las áreas privadas de sus vidas.

Si su rendimiento está por debajo de la media, pero no desean hablar sobre lo que está causando este empeoramiento porque es personal, sólo tendrá la opción de afrontar el rendimiento actual en términos de si seguirá contratándoles o no, como su jefe, no como su *coach*.

CONSEJO

Ay, ay

Reconozca también sus propios límites. Sus voces y sentimientos internos le dirán si tiene o no tiene el conocimiento suficiente para tratar con los clientes. Si nota que necesitan un apoyo más experimentado o cualificado que el que usted puede ofrecerles, entonces no experimente o presione, a pesar de todo. Manténgase en el lado de la precaución. No empuje nunca a nadie más lejos si no sabe cómo dar marcha atrás. Confíe en su instinto y compártalo honesta y abiertamente con los clientes; por ejemplo, «Creo que estoy un poco fuera de mi zona de comodidad. ¿Cómo está usted?», o «No estoy seguro de si tendría que habérselo preguntado. ¿Qué opina?».

CONSEJO

Aléjese de la familia

La práctica de *coaching* coloquial, informal, con la familia y los amigos es inevitable y útil. Evite, no obstante, convertirse en el *coach* formal de alguien que le sea muy cercano. Si la relación con usted pasa por un período «bajo», es improbable que puedan «cambiar» sólo para la sesión. Si la relación con usted es buena, entonces es posible que no quieran «preocuparle» con sus problemas. Y, en cualquier caso, es potencialmente posible que usted forme parte de sus situaciones problemáticas, lo que hará que las sesiones de *coaching* objetivas sean muy complicadas. Le sugerimos que se mantenga al margen, aunque la situación parezca correcta en ese momento. Manténgase alejado.

Usted como director, no como *coach*

Los clientes son seres humanos y tienen derecho a respeto y a los niveles que «usted» esperaría si «usted» fuera el cliente. No hay más que decir, toda la información que aprenda seguirá siendo confidencial y no se usará nunca fuera del contexto de las sesiones de orientación. Cualquier área de preocupación o debilidad no debería utilizarse jamás al asesorar al cliente, con el sombrero de «jefe» puesto, sobre una promoción o una revisión de salario.

Como hemos explicado, si rompe una confidencia que ocurrió dentro del contexto del ejercicio de *coaching*, entonces nadie volverá a confiar en usted. Las noticias vuelan. Y esto significaría el final de sus días como *coach*.

En caso de duda, no mencione nunca algo de una sesión de *coaching* en cualquier otro contexto o ambiente. Si el cliente menciona algo, entonces asegúrese de que ambos vuelven a entrar en el contexto de orientación para solucionarlo (por ejemplo, «Pongámonos el sombrero del *coaching* para hablar sobre ello»). Después, deje claro cuándo hayan terminado (por ejemplo, «Está bien, fuera los sombreros de *coaching* y volvamos a ponernos los normales»).

Dirigirse a usted mismo como coach

Preparar su propio estado

Independientemente de que se sienten para una sesión de *coaching* organizada o que realicen el ejercicio improvisadamente, usted y los clientes tienen que estar en el estado mental adecuado para hacer que valga la pena. Han de «tener ganas de ello». Estar nervioso, disponer de poco tiempo, o estar preocupado por cuestiones «más importantes», puede negar todos los beneficios que esperaría de una sesión de *coaching*.

Después de todo, si fuera un velocista que quisiera obtener el oro olímpico, trabajaría tanto su estado mental como sus proezas físicas para garantizar que está «listo para lograrlo».

¿Cómo se cerciorará de que se encuentra en el estado mental adecuado? Hay numerosas formas.

La esencia del lenguaje corporal reside en que la forma como se siente en su interior, en la cabeza, estómago o corazón, envía mensajes al cuerpo que motivan que su fisiología tome una cierta forma. Si se siente asustado, entonces esta sensación de miedo condicionará su fisiología. Por este motivo, somos capaces de leer el estado mental de otra persona según la forma como está o actúa. Podemos ver si alguien parece nervioso o estar a la defensiva a través de su lenguaje corporal. Nuestro estado mental le dice al cuerpo qué tiene que hacer.

Lo opuesto también es cierto. Nuestro lenguaje corporal también puede provocar nuestro estado mental. Si se mantiene equilibrado, a gusto, con los hombros y la cabeza rectos, es difícil sentirse asustado, a no ser que nos movamos. Si se mantiene derecho, o se sienta erguido y con la mirada alta, es casi imposible pensar «Me siento deprimido». En consecuencia, si identifica una fisiología que le haga sentir lo que quiere cuando está orientando, y después adopta ese lenguaje corporal, se impulsará hacia el estado mental adecuado.

Caso de estudio: «JFK»

Se decía que el presidente Kennedy se ponía muy nervioso delante de audiencias numerosas. Su *coach*, Dorothy Sarner, trabajaba con él sobre este aspecto. Encontraron tres cosas básicas que él tenía que recordarse, para que le ayudaran a entrar en el estado adecuado:

1. «Estoy contento de que estén aquí.»
2. «Estoy contento de estar aquí.»
3. «Sé lo que sé» (es decir, tengo conmigo toda la información y conocimiento que poseo, ni más ni –más importante– menos.)

Es decir, podría pensar en lo que sería mejor para:

1. La audiencia (segunda posición).
2. Sí mismo (primera posición).
3. Conseguir que el trabajo estuviera bien hecho (tercera posición).

Sopéselos y observe cómo podrían interactuar en su caso.

> ### Ejercicio: «Estado de *coaching*»
>
> Siéntese y considere estos pensamientos. Analice cuáles funcionarán para usted, cuáles podrían hacer que una sesión de *coaching* fuera productiva para ambos. Fíjese en el pensamiento que le parezca mejor:
>
> - Esto podría ser muy aburrido.
> - Espero que no mencione X.
> - Estoy aquí por esta persona hasta las Y p.m., como acordamos.
> - Quiero hacer un buen trabajo para esta persona.
> - Esto será interesante para mí y muy útil para él/ella.
>
> Y pruebe con algunas ideas de cosecha propia:
>
> -
> -
> -
> -
> -
> -
>
> Este es un ejemplo de cómo puede usar la técnica ABC con flexibilidad. En este ejercicio, ha empezado simplemente en la cuestión B1: «¿Qué es lo mejor que podría estar pensando para introducirse en el mejor estado para orientar a alguien?».

Otras preparaciones

Saber que está bien preparado es otro punto esencial para llegar al estado mental adecuado. Revise sus objetivos, planifique cómo abrir la sesión, asegúrese de que todos los factores contextuales han sido abordados. Y, como en la mayoría de actividades, el factor principal para el éxito es el estado en que usted se encuentra. Mantenga en mente el «mejor» pensamiento del ejercicio anterior.

También forma parte de la responsabilidad del *coach* gestionar el estado mental de los clientes. Para alentar que los clientes adopten el estado mental adecuado, opte por mostrarse «abierto», «amable» y «disponible», en lugar de «preocupado», «tenso» o «impaciente» cuando se reúnan. Quizá podría hacer algún cumplido sobre algún aspecto de la apariencia de los clientes o decir algo positivo. Compruebe que sigan estando disponibles hasta la hora de finalización acordada. Pregunte si necesitan algo antes de empezar. Si van a charlar un poco mientras se acomodan, asegúrese de que el tema, aunque sea trivial, sea positivo. No anule la sesión.

A lo mejor al cliente no le gustan las charlas introductorias. En ese caso, un simple «hola» y un silencio cálido será tranquilizador. Es posible que signifique que no le estará dando cháchara durante la sesión.

Seguimiento

Una parte de su experiencia en el proceso de *coaching* consistirá en llevar a cabo una única reunión. Pero la mayor parte de este proceso es probable que esté formada por una serie de reuniones en las que los objetivos y las acciones acordadas evolucionarán y se desarrollarán. El ejercicio de *coaching* se convertirá en un proceso continuo que crecerá a medida que se consigan resultados positivos. Raramente, una persona alcanzará un punto en el que no habrá nada que se beneficie del *coaching*. Estas reuniones de seguimiento deben estar planificadas, y la frecuencia debe establecerse según las necesidades de los clientes. Como mínimo, debería acordarse una reunión de seguimiento al final de la reunión inicial, para revisar el progreso y celebrar los logros.

A continuación, encontrará algunos consejos para las reuniones de seguimiento.

Preparación

Prepárese para las reuniones de seguimiento con la misma diligencia que usaría en la primera cita. La preparación abarca gestionar su propio estado mental, revisar sus notas, ensayando mentalmente cómo va a empezar la reunión, y crear un estado de apertura cómodo para usted mismo.

Su respuesta a los resultados

Como resultado de su primera reunión, el cliente puede ser que haya avanzado positivamente, retrocedido, permanecido donde estaba o –lo más probable– un poco de todo.

Cualquiera que sea el movimiento de los clientes, no le corresponde a usted ser juicioso o expresar malestar. Si no han llegado adonde querían estar, se sentirán bastante mal sin necesidad de que tenga que hacerles sentir que han fracasado. No dude en ofrecer pinceladas positivas si los clientes han avanzado. Muestre una alegría verdadera que les motivará para lograr más por ellos mismos. Pero no sea nunca crítico, ni se tome la falta de progreso personalmente. Manténgalo al nivel de las conductas y las capacidades, y la técnica de *feedforward* podría ser que apareciera «más adelante».

Empezar una reunión de seguimiento

Dirija el estado mental de los clientes como lo haría en una primera reunión. Es probable que lea a partir de su lenguaje corporal cómo han estado desde la última vez que hablaron. Nunca presuponga que esa cita continuará automáticamente en el punto donde la dejaron la última vez. Podrían haber pasado muchas cosas y necesitará marcar el punto de partida a través de una pregunta simple, abierta, como, por ejemplo, «¿Cómo ha estado?».

Independientemente de que los clientes sean conscientes de esto, habrán estado ensayando mentalmente el comienzo de la cita y revisando su propia actuación desde la última vez que conversaron. Si se sienten inseguros de lo que ha ocurrido, o parece que tienen pocos recuerdos de lo que abordaron la última vez que se encontraron, entonces revise sus notas en voz alta y recuérdeles lo que discutieron y las acciones que acordaron llevar a cabo.

Si han hecho progresos, revise con ellos lo que han hecho exactamente para que funcione, y cuál será la estrategia para los próximos pasos. Deje y anímeles a estar contentos con su rendimiento. Si la modestia interviene por su parte, asegúrese de que se creen las mejoras que han logrado.

Si han retrocedido, tranquilícelos explicando que, a veces, un paso hacia atrás es necesario antes de poder progresar. Luego, revise lo que ha ocurrido aplicando parte de la técnica ABC, de modo que pueda reforzar su comprensión del proceso sin que resulte demasiado obvio para los clientes.

> **Ejemplos**
> - «¿Qué es lo que hizo o dijo, o dejó de hacer o decir, exactamente, que mejoró o empeoró la situación para usted?»
> - «¿Y qué es lo que podría hacer o decir o dejar de hacer o decir, exactamente, que valga la pena probar la próxima vez?»

Qué abordar

Es posible que en la sesión previa acordaran asuntos o temas para la siguiente entrevista. Compruebe si siguen siendo pertinentes para los clientes, sin que les dé la impresión de que les está controlando. Permita que los clientes decidan si quieren recuperar un tema antiguo o avanzar hacia algo nuevo. Déjeles, como siempre, marcar la dirección de la conversación. Y acuérdese de ayudarles a secuenciar y priorizar sus acciones futuras, y queden para la próxima cita.

Algunas creencias útiles

Cuando hablamos sobre los niveles neurológicos, previamente en el libro, observamos cómo las creencias y los valores influencian nuestras capacidades y conductas. Podría ser que no hubiéramos nacido, o heredado, o elegido, creencias que sean compatibles con el proceso de *coaching*. Podría ser que nos sintiéramos obligados a orientar a los demás, pero que en lugar de eso, estuviéramos «poniéndonos a hacer el trabajo».

Si este es el caso, a continuación encontrará algunas opiniones útiles que puede tomar prestadas y actuar como si fueran ciertas para usted:

1. No soy un *coach* profesional, y no esperarán que sea perfecto.
2. Tienen el conocimiento, capacidades, motivación y disposición para lograr sus objetivos, aunque podría ser que no lo hubieran advertido. Mi función es permitir y facilitar que todo esto se haga evidente.
3. No hay prisa. (A mí mismo, no me gustaría sentirme precipitado en su situación.) Siempre podemos continuar en otro momento.
4. Hasta este momento, los clientes han hecho todo lo que han podido con el conocimiento y los recursos que tenían a su disposición, o con lo que creían que tenían a su disposición en ese momento.

5. Pueden definir cuáles son sus resultados.

6. Es probable que no se crean que son capaces de definir sus resultados.

7. Los clientes necesitan advertir que cambiar lo que *hacen* es simplemente cambiar una conducta, no cambiar su *personalidad*. Es como tocar diferentes notas en un piano. O tocar más fuerte o más flojo. O más rápido o más lento. O jazz o música clásica. Cualquier cambio en la dirección es más probable que logre su objetivo, una pequeña modificación suele ser suficiente para que se perciba. Les está ayudando a usar todo el teclado, y seguirán siendo quienes «son», los mismos pianistas.

8. Los clientes tienen todos los recursos que necesitan, o pueden obtenerlos con facilidad.

9. Estoy aprendiendo habilidades excelentes de interrogación, obtención de datos, activación y apoyo, y recibiendo feed-back que me permitirá mejorar mis capacidades en estas áreas.

10. Soy suficiente.

Realizar el ejercicio de *coaching* con uno mismo

Si se orienta a sí mismo, materialice todas las preparaciones y consideraciones ambientales que realizaría si estuviera realizando este ejercicio con otra persona. Sea tan considerado consigo mismo como lo sería con un cliente. Y si ha experimentado la técnica ABC y/o leído los tres casos de estudio (pág. 43), le resultará más fácil aplicarla en «cualquier» situación.

Este libro trata, principalmente, sobre cómo orientar a otras personas con facilidad. Pero puede realizar el ejercicio de *coaching* consigo mismo con desenvoltura, o pídale a un amigo o colega que le ayude.

Nosotros mismos solemos usar la técnica ABC para solucionar nuestras propias situaciones, pero preferimos mucho más afrontar las cuestiones con otra persona que nos las pregunte. Puede pedirles/orientarles más fácilmente que le concedan más tiempo para pensar. O que le presionen más para obtener las respuestas. O lo que necesite, para obtener lo que necesite.

Use la técnica ABC para sí mismo

La sección del libro que lleva a cada lector a través de la técnica ABC (pág. 39) fue diseñada especialmente para hacerle sentir como si otra persona le estuviera planteando las preguntas. A medida que se leen las cuestiones, parece que la voz de otra persona está hablando. No es sólo que esté leyendo desde la primera posición y respondiendo desde la misma.

La técnica ABC funcionará mejor si piensa como si hubiera un *coach* con usted. Si no, es posible que tienda a eludir algunas secciones, o a dar por sentado algunos puntos, o a no presionarse en momentos en que un *coach* sí que lo haría. Habrá momentos durante la técnica ABC en los que necesitará hacer frente a comprensiones. Habrá otros momentos en los que tendrá elecciones que hacer, a veces, decisiones que no serán sencillas. Tendrá que hacer frente a un estado de incomodidad y confusión, y comprender lo que le están revelando. Pero es conveniente dejar reposar la técnica ABC y retomarla más adelante, cuando tenga más tiempo o se sienta de mejor humor, o disponga de horas para estudiar las cosas detenidamente.

Coaching improvisado

En nuestras estresadas vidas, no siempre hay tiempo para sentarse y tener sesiones de *coaching* formales. No importa la iniciativa que intente mantener, siempre habrá momentos en que la improvisación será el orden del día. Esto hace referencia tanto al ejercicio de *coaching* para uno mismo, como al de orientar a un cliente. Las situaciones aparecen y necesitamos reaccionar. Hemos de permitirnos, o permitir a los demás, que se sientan ingeniosos, y motivar que nuestras mentes afronten las situaciones de un modo constructivo. Y, a veces, sólo disponemos de segundos para prepararnos. El teléfono sonará, toparemos con alguien en el pasillo, uno de los empleados nos pedirá ayuda o consejo cuando estemos a punto de salir corriendo por la puerta.

Aquí es cuando la técnica ABC puede salir en nuestra ayuda. No en su totalidad, sino selectivamente. Podemos usar parte de la técnica ABC para elegir un curso de acciones mejor.

> **CONSEJO**
>
> *Necesidades de sentimientos negativos*
>
> Si alguien parece que está sufriendo algo «negativo» como, por ejemplo, tristeza, malhumor, malestar, en vez de preguntarle cómo se encuentra, recuerde que estos sentimientos provienen de necesidades insatisfechas. Pruebe, quizá, con la cuestión A3, por ejemplo, «Parece como si necesitara o le faltara algo; ¿qué tiene, Jo?». Esto permitirá que esta persona avance.

Y, a continuación, encontrará dos ejemplos de *coaching* a uno mismo:

> **Ejemplo: «Hazlo bien»**
>
> Mike se suele preguntar durante las reuniones: «¿Cuál es el mejor papel que podría estar interpretando en este momento?» (B3). Esto es para controlar su propio rendimiento, y para garantizar que la reunión será un éxito para él, y ¡terminará a la hora!

> **Ejemplo: «Primero, tranquilízate»**
>
> Una cliente nos contó que cada vez que se sentía incómoda, «primero» se preguntaba a sí misma: «¿Qué es lo mejor que podría estar sintiendo en este momento?» (B2), y la respuesta casi siempre vuelve en forma de «tranquilidad».
> Y, «después», intenta descubrir en qué consistía el sentimiento molesto, y qué hacer con él.
> Asegura que es mucho más sencillo dar estos dos pasos en este orden que intentar comprender qué es lo que ha estado causando el malestar mientras lo sentía, todo al mismo tiempo.

La presión del tiempo

Otro aspecto de la presión temporal es el tema sobre lo directivos que deberíamos ser. Como hemos comentado anteriormente, siempre que sea posible, todas las respuestas y decisiones sobre el camino hacia adelante deberían provenir de los clientes. Pero habrá ocasiones en las que ni usted ni los clientes dispondrán del lujo del tiempo ni desearán discutir y facilitar una situación en profundidad. A veces, la gente quiere una ayuda directa. Un arreglo rápido es necesario hasta el momento en que se disponga de más tiempo.

Ejemplo: «Desempeñar el papel»

Alguien le detiene en el pasillo y es obvio que está nervioso. Dice que va a reunirse con los directores y no sabe cómo afrontar la situación. A menudo, estas situaciones son estresantes porque no sabemos lo que nos espera o cuál es nuestro papel en la reunión.
En este caso, no hay tiempo de preguntarle qué es lo que se espera de esta persona. Pero presentarle la cuestión B3 «¿Cuál es el mejor papel que podría estar interpretando para obtener lo que desea de esta situación?», le limita a con quién se están esperando reunir los directores y cómo quiere estar el cliente en esa reunión. Centra su conducta en sus objetivos, simplemente teniendo un papel en mente. Y a medida que la reunión progrese y obtenga más información, podrá cambiar naturalmente su opción para adaptarse a las circunstancias. (Véase ejemplo, «Hazlo bien», pág. 187.)

Ejemplo: «Nótelo primero»

Está a punto de hacer una presensación frente a un grupo de personas y se siente nervioso, porque no sabe de qué otra forma sentirse. Plantéese la pregunta B2: «¿Qué es lo mejor que podría estar sintiendo para lograr lo que quiero de esta situación?». Cuando disponga de una alternativa a los nervios, podrá tomarse un momento para notar cómo el sentimiento penetra en el cuerpo. A lo mejor, podría añadir la cuestión A1: «Y ahora que me estoy sintiendo más X, ¿qué es lo mejor que podría estar "pensando"?».

Ejemplo: «Resquicio de esperanza»

Una persona se siente muy perdida y le pide asesoramiento sobre un proyecto. Quizá podría preguntarle una variante de la cuestión A3: «¿Qué es lo que no tiene, o le está faltando, o no le están dando exactamente?». Esto divide su necesidad en trocitos específicos, y convierte el nubarrón de no saber, en pequeñas gotitas de lo que es necesario.

Cuando eche un vistazo a las preguntas de la técnica ABC, verá las posibilidades en las que podrían usarse elementos individuales.

Diez buenas preguntas sobre el proceso de *coaching*

Dentro del mundo del *coaching*, existen algunas preguntas esenciales que abrirán puertas más grandes de lo que su propio tamaño parece justificar. Estas son cuestiones que realmente influyen. Algunas se les plantean a los clientes. Otras se le piden a usted, como *coach*:

1. **«Ayúdeme a comprender...»** Toma la responsabilidad desde la primera posición por no haber entendido todavía. No se le echa ninguna culpa a la otra persona.

2. **«Ayúdeme a comprender qué le está ocurriendo en este momento.»** Aunque sea una petición, es recibida como una pregunta. Para explicarle lo que está sucediendo en ese momento, los clientes deben entenderlo ellos primero. Esta cuestión les empuja a tener una visión menos emotiva y más lógica de su situación.

3. **«Si no lo *sabía*, ¿qué podría ser?»** Pregúntelo cuando los clientes afirmen que no sabían cómo responder a una pregunta concreta. A menudo, no pueden contestar porque están bloqueando o suprimiendo la respuesta. Esta pregunta les da permiso para imaginar cuál es la respuesta, si tienen que crearla, permitiendo que la contestación real salga a la luz.

4. **«¿Qué es lo que necesita (de mí) en este momento?»** Esta cuestión consigue que los clientes conecten con sus necesidades reales y les permite expresarlas.

5. **«¿Cuál sería una buena pregunta para que yo la planteara en este momento?»** Esta pregunta funciona porque conduce al *coach* a las áreas más pertinentes de la situación. Además, estimula la objetividad del cliente.

6. «**¿Qué necesita esta persona/cliente de mí en este momento?**» Esta es una cuestión que el *coach* se pregunta a sí mismo, para marcarse su dirección.

7. «**¿Y...?**» Si no está seguro de la dirección que debe seguir, o si nota que el cliente necesita contar más cosas.

8. «**¿Debido a que...?**» Permite que los clientes definan sus razones fundamentales.

9. «**¿Quiere marcharse de la sesión a las X p.m. habiendo logrado qué, exactamente?**» Permite que los clientes se centren en los resultados exitosos dentro de su marco temporal. (Una versión menos eficaz de esto podría ser: «¿Qué le gustaría lograr, si fuera posible, dentro de sus limitaciones temporales?».)

10. «**¿Qué ha conseguido que podría ser que no fuera consciente de ello en ese momento?**» Permite que una persona empiece a descifrar lo que ha hecho y que *sí* que le ha funcionado.